Über dieses Buch

›Der Nigger von der Narzissus‹ ist Joseph Conrads drittes Buch, 1897, ein Jahr nach seinem berühmtesten Roman ›Der Verdammte der Inseln‹ veröffentlicht, und die erste seiner Erzählungen von Schiffen, Seefahrt und Seeleuten, in der er Erfahrungen verarbeitet, die er wenige Jahre zuvor als Schiffsoffizier auf einer Fahrt von Indien nach Europa gemacht hatte.
Im Hafen von Bombay wird eine bunt zusammengewürfelte Mannschaft für die Fahrt des Seglers ›Narzissus‹ nach London angemustert, darunter ein hünenhafter Neger, Jimmy Wart, der an einem chronischen Husten leidet. Unter den rauhen und einfachen Männern ist Wart wegen seiner Hautfarbe, vor allem aber wegen seiner Melancholie und seines unbegreiflichen Wesens ein Außenseiter. Während der monatelangen Fahrt über das Meer wird der rätselhafte Neger, dessen Duldsamkeit und Fatalismus bei den anderen Besatzungsmitgliedern Mitleid und Schrecken erwecken, immer mehr zum Mittelpunkt ihrer Gedanken und Gespräche. Als der Kranke seine Koje nicht mehr verläßt, wetteifern die hart arbeitenden Männer, jeder auf seine Weise, in ihren kargen freien Stunden, um Jimmy Erleichterung zu verschaffen und ihm die Zeit zu vertreiben. Trotz der Ungewißheit, ob der Schwarze tatsächlich dem Tode nahe ist oder aus Gefallen an seiner Außenseiterrolle übertreibt, fühlen sie sich in einer Art Haßliebe für ihn verantwortlich. Als die ›Narzissus‹ beim Kap der Guten Hoffnung in einen schweren Sturm gerät, retten einige Seeleute den Todkranken unter Einsatz ihres eigenen Lebens aus der überfluteten Koje. Kaum sind jedoch die äußeren Gefahren von den bis an die Grenze ihrer Kräfte schuftenden Männern gemeistert, da eskalieren die Spannungen unter der erschöpften Mannschaft und führen zu Auseinandersetzungen mit den Offizieren, von dem verantwortungslosen Donkin eifrig geschürt, fast bis zur Meuterei...
Joseph Conrad hat diese handlungsreiche Geschichte über Kameradschaft, Solidarität und die vielfältigen Spannungen, die durch das enge Zusammenleben und die monatelange Isolation auf dem Meer entstehen, mit psychologischem Einfühlungsvermögen, mit Spannung, Sensibilität und skurrilem Humor geschildert. Diese frühe Seemannsgeschichte gehört zu den schönsten des klassischen englischen Erzählers.

Der Autor

Joseph Conrad (eigentlich Jósef Teodor Konrad Naleçz Korzeniowski) wurde 1857 als Sohn polnischer Landedelleute in Berdyczew/Ukraine geboren. Er ging mit siebzehn Jahren zur französischen Marine und befuhr ab 1886 als britischer Kapitän die Weltmeere. Als ein tropisches Fieber ihn zwang, den Seemannsberuf aufzugeben, ließ er sich 1894 als freier Schriftsteller in England nieder. Er schrieb in englischer Sprache fünfzehn Romane, neunundzwanzig Erzählungen, zwei autobiographische Bücher, zwei Essaybände und drei Bühnenstücke. Joseph Conrad starb 1924 in seinem Landhaus bei Canterbury.

Joseph Conrad

DER NIGGER
VON DER ›NARZISSUS‹

Fischer Taschenbuch Verlag

Fischer Taschenbuch Verlag
Juli 1978
Ungekürzte Ausgabe

Umschlagentwurf: Jan Buchholz/Reni Hinsch
unter Verwendung eines Photos (Photo: G + J Fotoservice)

Titel der Originalausgabe »The Nigger of the ›Narzissus‹«, 1897
Aus dem Englischen übersetzt von Ernst Wagner
Fischer Taschenbuch Verlag GmbH, Frankfurt am Main
Lizenzausgabe mit freundlicher Genehmigung des
S. Fischer Verlages GmbH, Frankfurt am Main
© S. Fischer Verlag GmbH, Frankfurt am Main 1971
Gesamtherstellung: Hanseatische Druckanstalt GmbH, Hamburg
Printed in Germany
680-ISBN-3-596-22054-8

*Für Edward Garnett
diese Geschichte
von meinen Freunden auf See*

VORWORT

Ein Werk, das, wie bescheiden auch immer, den Rang der Kunst anstrebt, sollte in jeder Zeile seine Rechtfertigung in sich tragen. Und Kunst mag hierbei als der aufrichtige Versuch angesehen werden, dem sichtbaren Universum die höchste Art von Gerechtigkeit zu erweisen, indem die Wahrheit in ihrer Vielfalt und in ihrer Einmaligkeit an den Tag gebracht und allen Betrachtungen zugrunde gelegt wird. Es ist der Versuch, aus ihren Formen, ihren Farben, ihrem Licht und ihrem Schatten, aus der Beschaffenheit der Dinge und den Geheimnissen des Lebens das Dauerhafte und Wesentliche herauszufinden, ihre *eine*, erhellende und überzeugende Eigenschaft – den Kern der Wahrheit selbst.

So sucht denn der Künstler wie der Denker oder der Wissenschaftler die Wahrheit und läßt seine Verkündigung laut werden. Beeindruckt vom Anblick der Welt, versenkt sich der Denker in Ideen, der Wissenschaftler in Tatsachen und wendet sich, wieder auftauchend, an jene Kräfte unserer Natur, die uns am besten befähigen, das Wagnis des Lebens zu bestehen. Mit ihrer Autorität sprechen sie zu unserem gesunden Menschenverstand und unserer Intelligenz, zu unserem Wunsch nach Frieden oder zu unserem unruhevollen Verlangen nach Abwechslung; nicht selten auch zu unseren Vorurteilen und unseren Ängsten und oft zu unserer Selbstsucht – stets aber zu unserer Leichtgläubigkeit. Und man lauscht ihren Worten mit Ehrerbietung, weil es um wichtige Dinge geht: um die Weiterbildung unseres Verstandes, um die Pflege unseres Körpers, um das Erreichen unserer ehrgeizigen Ziele, um die Vervollkommnung der Mittel und die Verherrlichung unseres edleren Zwecks.

Anders verhält es sich mit dem Künstler.

Er, der dem nämlichen rätselhaften Schauspiel gegenübersteht, steigt hinab in sein eigenes Inneres, und wenn er der Sache würdig und vom Glück begünstigt ist, findet er in jener einsamen Region der Anspannung und des Strebens den rechten Ausdruck für seinen Appell: Sein Appell richtet sich an die mehr im verborgenen liegenden Fähigkeiten unseres Wesens, an jenen Teil unserer Natur, der im rauhen Kampf ums Dasein sich notwendigerweise hinter den standfesteren, härteren Eigenschaften versteckt wie der verwundbare Körper hinter einem Stahlpanzer. Sein Appell ist nicht so aufdringlich, weniger ausgeprägt und schwerer verständlich. Er ist nicht so eindeutig, aber um so erregender – und schneller vergessen. Dennoch ist seine Auswirkung von ewiger Dauer. Das in den aufeinanderfolgenden Generationen ständig wechselnde Gelehrtenwissen gibt Ideen preis, stellt Tatsachen in Frage, zerstört die eigenen Theorien. Der Künstler wendet sich hingegen an jenen Teil unseres Wesens, der nicht von Gelehrsamkeit abhängt, an das in uns, was Gabe, nicht Errungenschaft – und daher von weit beständigerer Dauer ist. Er spricht unser Begeisterungsvermögen und unseren Sinn für die Wunder und Geheimnisse an, die unser Leben umgeben; er appelliert an unser Mitgefühl, an unser Verständnis für Schönheit und Leid und weckt das in jedem vorhandene Gefühl für die Zusammengehörigkeit aller Geschöpfe dieser Welt, die zarte, doch unbesiegbare Gewißheit einer Gemeinsamkeit, die zahllose einsame Herzen verbindet – in ihren Träumen, in Freud und Leid, in ihren Sehnsüchten, Hoffnungen und Ängsten, die Mensch mit Mensch, die die ganze Menschheit vereinigt: die Toten mit den Lebenden, und die Lebenden mit den noch Ungeborenen.

Nur bis zu einem gewissen Grade kann mit solchen Gedankengängen, oder vielmehr Meinungen, die Absicht erklärt werden, die mit der nachstehenden Erzählung verfolgt wird. Es ist der Versuch, eine unruhevolle Periode im ruhmlosen Dasein einiger Männer darzustellen, die zur unbeachteten Menge der in Wirrsal Befangenen, der Simplen und der Stummen gehören. Und wenn auch nur ein Funken Wahrheit in jener oben geäußerten Meinung steckt, dann wird es offenbar, daß es nicht eine einzige glanzvolle Stätte oder auch nur einen verborgenen Winkel auf dieser Welt gibt, der nicht wenigstens eines flüchtigen Blickes der Verwunderung und des Mitgefühls würdig wäre. So mag denn die Absicht dem Werk als Rechtfertigung dienen; damit kann dieses Vorwort aber, das nur ein Bekenntnis meiner Bemühung ist, hier noch nicht zu Ende sein, denn dieses Bekenntnis ist noch unvollständig.

Eine Erzählung, sofern sie überhaupt als Kunst gelten will, muß das Temperament ansprechen, sie muß, ebenso wie ein Gemälde oder Musikstück, kurz, wie alle Kunst, der Appell *eines* Temperaments an alle anderen zahllosen Temperamente sein, dessen subtile und unwiderstehliche Macht den flüchtigen Begebenheiten erst ihren eigentlichen Sinn verleiht und die moralische, die gefühlsmäßige Atmosphäre von Raum und Zeit schafft. Doch solch ein Anruf kann nur durch Sinneseindrücke wirkungsvoll übermittelt werden. Einen anderen Weg gibt es tatsächlich nicht, denn das Temperament – das des Einzelnen wie das der Gemeinschaft – läßt sich auf andere Weise nicht überzeugen. Deshalb wendet sich alles, was Kunst bedeutet, hauptsächlich an unsere Sinne; drückt sie sich im geschriebenen Wort aus, muß sie somit ebenso auf unsere Sinne zielen, wenn sie ernsthaft danach strebt, den geheimen Quell unserer den Ruf erwidernden Gefühle zu erreichen. Die Kunst muß unentwegt danach trachten, der Skulptur all ihre plastische Form, dem Gemälde all seine Farben und der Musik, der Kunst der Künste, all ihre magische Suggestionskraft zu sichern. Und nur vermöge einer gänzlichen und unerschütterlichen Hingebung an die vollkommene Einheit von Form und Substanz, nur vermöge einer unermüdlichen und nie entmutigten Sorge um Gestalt und Klang der Sätze kann man der Plastizität und der Farbigkeit sich nähern und kann das Licht magischer Suggestionskraft für einen flüchtigen Augenblick die gemeinplätzige Oberfläche der Worte überspielen: der alten, alten Worte, die verschlissen sind in Jahrhunderten nachlässigen Gebrauchs.

Und so liegt die einzige wohlbegründete Rechtfertigung für den Prosaerzähler in dem Bemühen, diese schöpferische Aufgabe dadurch zu erfüllen, daß er auf jenem Wege, soweit es ihm seine Kraft erlaubt, weiterschreitet und sich durch kein Zaudern, durch kein Ermüden und durch keinen Vorwurf zurückhalten läßt. Und wenn sein Gewissen rein ist, muß seine Antwort an diejenigen, die aus der Überfülle ihrer Weisheit auf die sofortige Nutzauswirkung erpicht sind und ein ausdrückliches Verlangen danach haben, besonders ermutigt oder erschreckt, erschüttert oder bezaubert, getröstet oder belustigt zu werden, an sie also muß seine Antwort folgendermaßen lauten: Die Aufgabe, die ich zu erfüllen trachte, ist, durch die Macht des geschriebenen Worts euch hören, euch fühlen und, dies vor allem, euch sehen zu machen. Das, und nichts weiter, und darin liegt alles. Wenn es mir gelingt, dann findet ihr dort je nach Bedürfnis und Verdienst: Ermutigung, Trost, Furcht und Bezauberung, kurz alles, was ihr wollt, und vielleicht auch jenen flüchtigen Anblick der Wahrheit, nach dem zu fragen ihr vergessen habt.

Der unbarmherzig weitereilenden Zeit einen flüchtigen Lebensabschnitt in einem beherzten Augenblick zu entreißen, das ist erst der Anfang dieser Aufgabe. Einer Aufgabe, an die man mit Empfindsamkeit und Vertrauen herangeht, um ungehemmt, bedingungslos, ohne eine andere Wahl zu haben, das dem Leben entrissene Bruchstück vor aller Augen im Licht einer aufrichtigen Gesinnung preiszugeben. Sein Schwanken, seine Buntheit und seine Gestalt darzustellen, den Kern seiner Echtheit sichtbar werden zu lassen und damit in der Spannung und Leidenschaftlichkeit jeden überzeugenden Augenblickes sein rätselvolles Wesen zu enthüllen. In einem derart aufrichtigen Versuch wird man vielleicht – sofern man der Sache würdig und vom Glück begünstigt ist – der Wahrheit und Klarheit so weit nahekommen, daß am Ende das dargestellte Bild des Mitgefühls oder Erbarmens, der Schrecken oder Freuden in den Herzen der Betrachter das unvermeidliche Gefühl der Zusammengehörigkeit weckt, das Gefühl der Gemeinsamkeit unseres mysteriösen Ursprungs, unserer Mühen und Plagen, unserer Freuden und Hoffnungen, das Gefühl eines ungewissen Schicksals, das Mensch mit Mensch und die ganze Menschheit mit der sichtbaren Welt verbindet.

Es ist klar, daß derjenige, der, zu Recht oder Unrecht, an den oben ausgeführten Überzeugungen festhält, nicht irgendwelchen zeitgenössischen Manieren seines Fachs treu sein kann. Ihr bleibender Teil, die Wahrheit, die er nur unvollkommen verschleiert, sollte ihm als sein kostbarster Besitz erhalten bleiben. Doch sie alle: Realismus, Romantik, Naturalismus und sogar die nicht zum Programm erhobene Sentimentalität (die wie die Armut außerordentlich schwer loszuwerden ist), alle diese Idole müssen ihn nach einer kurzen Periode der Gemeinschaft, selbst an der Schwelle ihres Tempels, seinem stammelnden Gewissen und dem ausgesprochenen Bewußtsein von Schwierigkeiten seiner Arbeit überlassen. In dieser bedrückenden Einsamkeit verliert selbst der stolze Schlachtruf des *l'art pour l'art* den erregenden Klang scheinbarer Unmoral. Dieser Ruf tönt jetzt wie aus weiter Ferne. Er ist kein Schrei mehr. Nur ein Flüstern, oft unverständlich und kaum noch wahrnehmbar, ist noch zu hören.

Zuweilen beobachten wir, behaglich ausgestreckt im Schatten

eines Baumes am Straßenrande, die Bewegungen eines Land-
mannes fern auf einem Feld, und nach einer Weile fragen wir
uns träge, womit denn der Mann sich wohl abgebe. Wir beobachten die Bewegungen seines Körpers, das Hin- und Her-
schwenken seiner Arme, sehen ihn sich niederbeugen, sich aufrichten, zögern und dann wieder von vorn anfangen. Erfahren
wir den Zweck seiner Mühen, so mag dies den Zauber einer
müßigen Stunde mehren. Wenn wir wissen, daß er einen Stein
aufhebt, einen Graben ausschachten oder einen Baumstumpf
aus der Erde reißen will, dann sehen wir mit wirklicherem
Interesse seinen Anstrengungen zu und sind geneigt, den Miß-
klang zu entschuldigen, mit dem sein Treiben den Frieden der
Landschaft gestört hat. Und regt sich in uns brüderliche Gesinnung, dann überwinden wir uns sogar, ihm solch Fehlen zu
vergeben. Wir verstehen nun sein Vorhaben, und schließlich,
der Mann hat einen Versuch gemacht, und er besaß nicht die
Kraft und vielleicht auch nicht die Kenntnis. Wir verzeihen,
gehen unseres Weges – und vergessen. Und so verhält es sich
auch mit dem Kunstarbeiter. Die Kunst ist lang, und kurz ist
das Leben, und der Erfolg liegt oft in weiter Ferne. Und darum,
zweifelnd an der Kraft, so weit voranzukommen, sprechen wir
noch ein wenig vom Ziel – vom Ziel der Kunst, das wie das Leben selbst begeisternd, schwer zu bewältigen und von Nebeln
umhüllt ist. Es liegt nicht in der klaren Logik eines triumphalen
Ergebnisses, nicht im Entschleiern eines jener grausamen Geheimnisse, die man Naturgesetze nennt. Es ist nicht minder
groß, nur viel schwieriger.
Einen Atemzug lang die mit irdischem Tun beschäftigten Hände
innehalten zu lassen und die vom Fernliegenden gefesselten
Menschen zu nötigen, für einen Moment die Augen auf Form
und Farbe, Sonnenschein und Schatten der Umwelt zu richten,
sie verweilen zu machen für einen Blick, für einen Seufzer, für
ein Lächeln – das ist das Ziel, schwierig, immer wieder schwin-

dend und nur wenigen zu erreichen vergönnt. Doch zuweilen wird, dank Verdienst und Glück, selbst diese Aufgabe erfüllt. Und wenn sie erfüllt ist – siehe da, dann offenbart sich die ganze Wahrheit des Lebens: ein Augenblick der Vision, ein Seufzer, ein Lächeln – und die Rückkehr zu ewiger Ruhe.

1897   J. C.

I

Herr Baker, der Erste Offizier der *Narzissus*, trat mit einem weiten Schritt aus seiner erleuchteten Kammer auf das Achterdeck hinaus. Über seinem Kopf schlug der Wachmann auf der Poop zwei Glasen. Es war neun Uhr. Der Erste sah zu ihm hoch und fragte: »Sind alle Mann an Bord, Knowles?« Der Wachmann humpelte die Treppe herunter und sagte nachdenkend: »Ich glaube ja, Sir. Unsere alten Leute sind alle da, und ein Haufen neue sind gekommen ... Es müssen alle da sein.«
»Sag dem Bootsmann, alle Mann sollen achteraus kommen«, fuhr der Erste fort, »und laß einen von den Jungs eine gute Lampe herbringen. Ich will die Mannschaft mustern.«
Das Oberdeck lag achtern im Dunklen. Auf halbem Wege nach vorne drangen jedoch zwei grelle Lichtstreifen aus den offenen Türen des Logis und durchschnitten die Schatten der stillen Nacht, die sich auf das Schiff gesenkt hatte. Man hörte das Geräusch von Stimmen, und in den erleuchteten Türeingängen an Backbord und an Steuerbord tauchten kurz die Silhouetten von Männern auf, die sich bewegten. Sie waren ganz schwarz und flächig, wie aus Zinkblech geschnittene Figuren. Das Schiff war klar zum Auslaufen. Der Zimmermann hatte den letzten Keil in die Schalkklampen der Großluke geschlagen, dann Schlag fünf den Schlegel weggelegt und sich sehr bedächtig die Stirn getrocknet. Die Decks waren gefegt, das Ankerspill war abgeschmiert und klar zum Ankerhieven gemacht worden. Die dicke Schlepptrosse lag in langen Buchten an einer Seite des Oberdecks. Ein Ende der Trosse war hochgeholt und hing über dem Bug, klar für den Schlepper, der in den frühen Morgen-

15

stunden erwartet wurde. Mit lautem Gezisch und lärmenden Schaufelrädern, mit Qualm und Dampf würde er dann den stillen Frieden stören. Der Kapitän war an Land, um noch ein paar Leute anzumustern, die zur vollen Besatzung fehlten, und die Offiziere hatten sich nach getaner Tagesarbeit zurückgezogen, froh über die kleine Atempause, die ihnen noch verblieb.

Bald nach Einbruch der Dunkelheit kamen die wenigen Urlauber und die neuen Leute mit Booten von Land längsseits. Bevor die von weißgekleideten Asiaten geruderten Boote am Fallreep anlegten, forderten die Bootsleute laut kreischend Bezahlung. Das aufgeregte, gellende Gebabbel der östlichen Zungen wetteiferte mit den herrischen Stimmen der angeheiterten Seeleute, die den unverschämten Forderungen und betrügerischen Hoffnungen mit gottlosen Flüchen begegneten. Das Wutgeheul und Wehgeschrei um Summen von fünf Annas bis zu einer halben Rupie rissen den strahlenden, bestirnten Frieden des Ostens in klägliche Fetzen, und jeder im Hafen von Bombay wurde gewahr, daß die neue Mannschaft der *Narzissus* an Bord ging.

Allmählich flaute der störende Lärm ab. Die Boote kamen nicht mehr zu dritt und viert in lärmenden Haufen, sondern einzeln längsseits. Man konnte hören, wie jemand die unterwürfig geflüsterten Vorhaltungen kurz mit den Worten abschnitt: »Keinen Pice mehr! Geh' zum Teufel, du!«, worauf eine dunkle Gestalt mit einem schweren Seesack auf den Schultern die Fallreepstreppe hinaufwankte. Im Logis machten die zwischen verschnürten Seekisten und Bündeln von Bettzeug umherstehenden Neuangekommenen erste Bekanntschaft mit den alten Besatzungsmitgliedern, die übereinander in den beiden Kojenreihen saßen und ihre zukünftigen Kameraden mit kritischen, doch freundlichen Blicken musterten. Die beiden Logislampen waren hochgeschraubt und verbreiteten ein kräftiges, grelles Licht. Die steifen Landgangshüte saßen den Urlaubern weit im Nacken oder rollten an Deck zwischen den Ankerketten umher; weit offenstehende weiße Kragen umrahmten rote Gesichter; kräftige Arme in weißen Hemdsärmeln gestikulierten herum. Zuweilen wurde das summende Stimmengewirr von lautem Gelächter oder rauhen Ausrufen unterbrochen, wie »Hier, Freundchen, nimm diese Koje! ... Laß das! ... Was war dein letztes Schiff? ... Kenn ich ... Vor drei Jahren im Puget Sound ... Die Koje da leckt, sag' ich dir! ... Kommt her, helft uns mal die Seekiste rumdrehn! Hat einer von euch feinen Landpinkeln eine Flasche mitgebracht? ... Gib mal ne Piep voll Tabak her ... Die kenn ich, ihr Schiffer hat sich totgesoffen ... Er war ein feiner Kerl! ... Liebte die inneren Waschungen, tat er ... Nein! ... Hört auf mit dem Krach, Jungs! ... Ich sag' euch, hier seid ihr auf einen Huker geraten, wo sie für ihr Geld vom armen Seemann allerhand verlangen, beim ...«

Ein kleiner Kerl namens Craik, der den Spitznamen Belfast hatte, schimpfte mächtig über das Schiff und schnitt dabei aus Prinzip auf, nur damit die neuen Leute etwas zum Nachdenken hätten. Archie saß, die Beine zur Seite, schräg auf seiner Seekiste und steckte gleichmäßig die Nadel durch einen weißen Flicken in einem Paar blauer Hosen. In der Mitte des Logis drängten sich einige in schwarzen Jacken und steifen Kragen neben anderen, die barfuß und hemdsärmlig umherliefen, die bunten Hemden über der haarigen Brust weit offen. In dem Tabaksqualm wogte und wimmelte alles wie in einem dichten Gedränge durcheinander. Alle sprachen zu gleicher Zeit und fluchten bei jedem zweiten Wort. Ein Ruß-Finne, der ein gelbes Hemd mit rosa Streifen trug, starrte unter einem Wust ungekämmter Haare mit verträumten Augen an die Decke. Zwei junge Riesen mit glatten Kindergesichtern – es waren Skandinavier – halfen sich gegenseitig beim Kojemachen und lächelten schweigend und sanft zu dem Sturm gutmütiger und harmloser Flüche. Der alte Singleton, er war der älteste Matrose an Bord, saß für sich, genau unter den Lampen, bis zum

Gürtel entblößt. Seine mächtige Brust und ungeheueren Bizeps waren wie bei einem Kannibalenhäuptling über und über tätowiert. Zwischen den blauen und roten Mustern schimmerte seine Haut wie Samt; er lehnte mit seinem bloßen Rücken gegen den Fuß des Bugspriets und hielt ein Buch auf Armeslänge vor sein großes, sonnenverbranntes Gesicht. Mit seiner Brille und dem ehrwürdigen weißen Bart glich er einem weisen, heidnischen Patriarchen, der Verkörperung heiterer barbarischer Gelassenheit in dem gotteslästerlichen, weltlichen Getriebe. Er war ganz in sein Buch vertieft, und wenn er die Seiten umblätterte, kam ein Ausdruck ernsten Erstaunens in seine zerfurchten Züge. Er las ›Pelham‹. Die Popularität, die Bulwer Lytton in den Logis der nach dem Süden gehenden Schiffe genießt, ist eine erstaunliche, groteske Erscheinung. Welche Vorstellungen mögen seine geschliffenen und so merkwürdig verlogenen Sentenzen in den schlichten Gemütern der großen Kinder erwekken, die diese dunklen, umherwandernden Wohnsitze bevölkern? Welchen Sinn können ihre rauhen unerfahrenen Seelen in seinem gewählten Wortschwall finden? Welchen Reiz? – Welches Vergessen? – Welche Befriedigung? Ein Geheimnis! Ist es der Zauber des Unverständlichen – der Reiz des Unmöglichen? Oder werden diese Menschen, die jenseits des Lebens stehen, von seinen Geschichten erregt, weil sie ihnen wie rätselhafte Enthüllungen einer glänzenden Welt erscheinen, die hinter dem Grenzstreifen voll Niedertracht, Schmutz und Hunger, voll Not und Vergeudung liegt, jenem Grenzstreifen, der das makellose Meer von allen Seiten umschließt und auf den alles beschränkt ist, was diese lebenslänglichen Gefangenen der See vom angrenzenden Land wissen und sehen? Ein Geheimnis! Singleton, der seit seinem zwölften Jahr auf großen Segelschiffen zur See fuhr, der in den letzten fünfundvierzig Jahren (wie wir aus seinen Papieren festgestellt haben) keine vierzig Monate an Land gelebt hatte – der alte Singleton, der sich in der nachsichtigen Abgeklärtheit seines hohen Alters rühmte, er sei gewöhnlich vom Augenblick seiner Abmusterung an bis zu dem Tage, an dem er auf einem anderen Schiff wieder anmusterte, selten in der Verfassung gewesen, das Tageslicht wahrzunehmen – der alte Singleton saß ungerührt in dem lärmenden Stimmengewirr und arbeitete sich Buchstabe für Buchstabe mühsam durch ›Pelham‹ hindurch. In tiefer Versunkenheit, wie im Trancezustand, las er völlig der Welt entrückt in seinem Buch. Er atmete regelmäßig, und jedesmal wenn er das Buch in seinen riesigen, teerigen Händen bewegte, sah man die Muskeln seiner kräftigen, weißen Arme unter der glatten Haut spielen. Halb verborgen unter dem weißen Schnurrbart bewegten sich seine Lippen in lautlosem Flüstern, wobei aus seinen Mundwinkeln Tabaksaft den langen Bart hinunterlief. Verschwommen blickten seine Augen unverwandt hinter den glitzernden, schwarzgeränderten Gläsern hervor. Ihm gegenüber, in gleicher Höhe mit seinem Gesicht, saß die Schiffskatze auf der Spilltrommel wie ein lauerndes Schreckgespenst und blinzelte ihren alten Freund aus grünen Augen an. Sie schien einen Sprung auf des alten Mannes Schoß zu planen, über den gebeugten Rücken des Leichtmatrosen hinweg, der zu Singletons Füßen saß. Der junge Charley war sehr mager und hatte einen langen Hals. Seine Rückenwirbel zeichneten sich als kleine hügelige Kette unter dem alten Hemd ab. Sein Gassenbubengesicht – frühreif, altklug und spöttisch, mit scharfen, heruntergezogenen Falten zu beiden Seiten des schmallippigen, breiten Mundes – war tief über seine knochigen Knie gebeugt. Er versuchte an einem alten Tauende einen Taljereepsknoten zu lernen. Auf seiner gewölbten Stirn standen kleine Schweißtropfen; von Zeit zu Zeit schnaufte er heftig auf und schielte aus den Winkeln seiner ruhelosen Augen nach dem alten Seemann, der aber keine Notiz von dem verwirrt vor sich hinmurmelnden Jungen nahm.

Der Krach schwoll immer mehr an. Klein-Belfast schien in der drückenden Hitze des Logis vor Ausgelassenheit überzuschäumen. Seine Augen funkelten in dem hochroten Gesicht, das mit seinen wunderlichen Grimassen um den dunkelgähnenden Mund komisch wie eine Maske wirkte. Vor ihm stand ein halbausgezogner Mann, der sich vor Lachen die Seiten hielt. Mit erstaunten Augen sahen die andern zu. In einigen Oberkojen saßen sie zu zweit und rauchten ihre kurzen Pfeifen, während sie ihre bloßen braunen Beine über den Köpfen der Leute baumeln ließen, die sich unter ihnen auf den Seekisten rekelten und stumpfsinnig oder verächtlich lächelnd zuhörten. Über den weißen Kanten der Kojen sah man einige die Köpfe herausstrecken und neugierig mit den Augen blinzeln; ihre Körper jedoch verloren sich im Dunkel der Schlafstellen, die engen Sargnischen in einem weißgekalkten Totenhaus glichen. Die Stimmen dröhnten lauter. Archie schloß sich mit zusammengepreßten Lippen von allem ab, er schien förmlich zusammenzuschrumpfen und nähte mit gleichbleibendem Eifer stumm weiter. Belfast kreischte wie ein verzückter Derwisch: »›So‹, sag ich zu ihm, Jungs, sag' ich. ›Entschuldigen Sie‹, sag ich zu dem Zweiten Offizier von dem Dampfer, ›entschuldigen Sie, mein Herr, die Behörden müssen besoffen gewesen sein, als sie Ihnen das Patent ausstellten!‹ – ›Was sagst du, du!‹ sagt er und geht wie ein Bulle auf mich los ... ganz in seinem weißen Zeug; und ich krieg' mein' Teerpott zu fassen und kipp' ihn den über sein verdammtes hübsches Gesicht und seine hübsche Jacke ... ›Nimm das!‹ sag' ich, ›ich bin ein Seemann, jedenfalls, du schnüffelnder, kriecherischer, unnützer, überflüssiger Brückenmoses, du!‹ – ›So ein Mann bin ich‹, brüll ich ... Den hätt' ihr mal springen sehen sollen, Jungs! Über und über voll Teer war er! So ...«

»Glaub ihm nix! Er hat nie Teer umgekippt; ich war dabei!« schrie jemand. Die beiden Norweger saßen nebeneinander auf einer Seekiste, beide mit dem gleichen sanften Ausdruck, wie ein unzertrennliches Vogelpärchen auf der Stange, und blickten mit großen Augen unschuldig um sich. Der Ruß-Finne aber verhielt sich in dem lauten Lärm aufbrausender Schreie und brüllenden Gelächters völlig regungslos und saß schlaff und stumpfsinnig da, als habe er kein Rückgrat und sei taub. Archie neben ihm lächelte über seiner Nadel. Einer von den Neuen, ein Mann mit einer breiten Brust und schläfrigen Augen, sagte zu Belfast, als gerade der Lärm einen Augenblick abflaute, ganz bedächtig: »Ich wundere mich nur, daß noch einer von den Steuerleuten hier am Leben ist – mit so einem Kerl wie dir an Bord! Ich nehme an, die sind nicht mehr so schlimm jetzt, nach- dem du sie zahm gemacht hast, Freundchen!«

»Nicht schlimm! Nicht schlimm!« schrie Belfast. »Wenn's nicht darum ginge, daß wir zusammenhalten … Nicht schlimm! Die sind nie schlimm, wenn sie keine Chance dazu haben, ver- dammt die elenden Hunde.« Er schäumte, fuchtelte mit den Armen herum, grinste dann plötzlich, holte ein Stück Block- tabak aus der Tasche und biß mit einem komisch wilden Ge- sichtsausdruck ein Stück davon ab. Ein anderer von den Neuen – ein Mann mit verschmitzten Augen und einem scharfge- schnittenen, gelben Gesicht, der bisher im Schatten der Mitt- schiffspinde mit offenem Mund zugehört hatte, meinte mit piepsiger Stimme: »Na ja, es ist ja doch 'ne Heimreise. Ob schlimm oder gut, is' mir ganz egal – solang wie's nach Hause geht, und ich mir dann mein Recht suchen kann! Denen werd ich's schon zeigen!« Alle Köpfe drehten sich nach ihm um, nur der Leichtmatrose und die Katze nahmen keine Notiz von ihm. Der kleine Kerl stand da, die Arme in die Seiten gestemmt, und sah mit seinen weißen Augenwimpern aus, als habe er schon die schlimmsten Erniedrigungen durchgemacht; als sei er geschlagen, getreten, durch den Schmutz geschleift worden, als hätte man ihn angespien, mit dem übelsten Unrat beworfen, zerkratzt... und er lächelte siegessicher die Gesichter ringsum an. Sein verbeulter Filzhut saß ihm bis auf die Ohren. Die zerrissenen Schöße seines schwarzen Rocks hingen ihm in Fetzen um die Waden. Er machte die beiden einzigen Knöpfe auf, die noch übrig waren, und jeder konnte sehen, daß er kein Hemd anhatte. Es war sein verdientes Mißgeschick, daß diese Lumpen, von denen man nicht annehmen konnte, daß sie noch jemand gehörten, an ihm aussahen, als habe er sie gestohlen. Sein Hals war lang und dünn, seine Augenlider gerötet; am Kinn hatte er ein paar Haare, seine spitzen Schultern hingen kraftlos herab wie die gebrochenen Schwingen eines Vogels. An seiner ganzen linken Seite backte Straßenschmutz, der deutlich zeigte, daß er erst vor kurzem in einem nassen Straßengraben übernachtet hatte. Sein Gerippe, das zu nichts nütze war, hatte er nur dadurch vor einer gewalttätigen Vernichtung retten können, daß er von einem amerikanischen Schiff weggelaufen war, auf dem er in einem Augenblick unbedachter Torheit angemustert hatte. Vierzehn Tage lang hatte er sich dann an Land im Eingeborenenviertel herumgetrieben, um Schnaps gebettelt und gehungert, auf Kehrichthaufen geschlafen und war im Sonnenschein umhergeirrt: Wie eine Erscheinung aus einer Gespensterwelt – so stand er da und lächelte widerwärtig in die plötzlich eingetretene Stille. Dieses saubere, weiße Logis war seine Zuflucht; hier konnte er faul sein, herumlungern, lügen und essen – und über das Essen schimpfen, das er aß; hier konnte er all seine Talente entfalten: sich vor der Arbeit zu drücken, zu betrügen und zu schnorren; hier würde er sicher einen finden, den er beschwatzen, und einen, den er drangsalieren konnte – und für all dies würde man ihn noch bezahlen. Alle waren über ihn im Bilde. Gibt es einen Flecken auf der Erde, wo man solche Leute nicht kennt, diese lebenden Beweise dafür, daß Lüge und Schamlosigkeit nicht umzubringen sind? Einer der wortkargen alten Seeleute, der rauchend auf dem Rücken gelegen hatte, drehte sich in der Koje um und musterte ihn kühl – dann spie er in einem langen Strahl über den Kopf des anderen hinweg zur Tür. Sie kannten diesen Typ! Das war er – der Mann, der nicht steuern kann und nicht spleißen; der sich nachts, wenn es dunkel ist, von der Arbeit drückt; der oben in der Takelage sich verzweifelt mit beiden Armen und Beinen festklammert und auf den Wind, den Hagel, die Dunkelheit flucht; der Mann, der die See verwünscht, während andere arbeiten; der Mann, der als letzter an Deck kommt und als erster wieder verschwindet, wenn alle Mann gebraucht werden; der Mann, der am wenigsten kann und das wenige nicht einmal tun will. Der Liebling der Philanthropen und der selbstsüchtigen Landratten. Das mitfühlende, verdienstvolle Wesen, das genau seine Rechte kennt, aber nichts von Mut und Ausdauer weiß und auch nichts von der selbstverständlichen Treue und Redlichkeit, die eine Schiffsgemeinschaft verbindet. Die wilde Frucht der Elendsviertel und ihrer erbärmlichen Freiheit, voll Verachtung und Haß gegen die harte Knechtschaft der See.

Jemand schrie ihm zu: »Wie heißt du denn?« – »Donkin«, erwiderte er und blickte dabei anmaßend und unverschämt um sich. – »Und was bist du?« fragte eine andere Stimme. – »Wieso, ein Seemann, wie du, alter Freund«, gab er in einem Ton zurück, der herzlich sein sollte, aber impertinent klang. – »Verdammich, wenn du nicht eine ganze Portion elender aussiehst als ein gestrandeter Heizer«, murmelte der andere in überzeugtem Ton. Charley streckte den Kopf in die Höhe und piepste mit dreister Stimme: »Er ist ein richtiger Seemann« – dann fuhr er sich mit dem Handrücken über die Nase und beugte sich wieder geschäftig über sein Tauende. Einige lachten, andere sahen zweifelnd vor sich hin. Der zerlumpte Neuling war entrüstet. – »Das is' ja 'ne nette Art, wie man Leute im Logis empfängt«, fauchte er wütend. »Seid ihr Menschen oder eine

Bande herzloser Kannibalen?« – »Brauchst dir deswegen nicht gleich die Hemdsärmel aufzukrempeln, du«, schrie Belfast und sprang hitzig vor ihn hin, wobei er eine halb drohende, halb freundschaftliche Stellung einnahm. – »Ist der Kerl da blind?« fragte die nicht unterzukriegende Vogelscheuche mit gespielter Überraschung und sah sich dabei nach links und rechts um. »Sieht nicht mal, daß ich gar kein Hemd anhabe!«

Er streckte beide Arme kreuzweise von sich und schüttelte mit schauspielerischer Geste die an seinem Körper herunterhängenden Fetzen.

»Und warum?« fuhr er mit erhobener Stimme fort. »Die verdammten Yankees wollten mich fertigmachen, weil ich wie ein Mann auf meinem Recht bestand. Ich bin Engländer, bin ich. Sie fielen über mich her, und ich mußte türmen. Das war der Grund. Habt ihr noch nie einen Mann gesehen, dem der Zaster ausgegangen ist? Was für ein verfluchter Kasten ist das hier denn? Ich bin vollkommen abgebrannt. Nichts hab' ich. Keinen Seesack, keine Decken, kein Hemd – nichts als die lumpigen Fetzen, die ich anhabe. Aber ich hab' mich gegen die Yankees doch gewehrt. Hat denn keiner von euch ein Paar alte Hosen für einen Kumpan übrig?«

Er verstand es, die Leute bei ihrer schwachen Seite zu packen. In einem Augenblick hatte er ihr Mitgefühl; mit einem Scherz, verächtlich oder mürrisch gaben sie, und als erstes wurde ihm, durch dessen dunkle Lumpen die weiße Haut seiner Gliedmaßen als einziges Zeichen seiner Menschlichkeit schimmerte, eine Decke zugeworfen. Dann fiel ihm ein Paar alte Schuhe vor die schmutzigen Füße. Mit dem Ruf: »Für unten« flog ihm eine zusammengerollte Segeltuchhose voller Teerflecken auf die Schulter. Dieser Ausbruch allgemeiner Freigebigkeit löste eine Welle gefühlvollen Mitleids in ihren mißtrauischen Herzen aus. Sie waren selbst gerührt über ihre Bereitwilligkeit, die Not eines Kumpans zu lindern. Einige riefen: »Wir werden

dich schon ausstaffieren, alter Junge.« Andere murmelten:
»Noch nie so einen schweren Fall erlebt... Armer Kerl... Ich
hab' ein altes Unterhemd... Kannst du das vielleicht gebrau-
chen? ... Nimm nur, Freundchen...« Solch freundliche Reden
schwirrten durch das Logis. Donkin scharrte die Sachen mit
seinem nackten Fuß auf einen Haufen zusammen und wartete
auf mehr. Der nicht leicht aus der Ruhe zu bringende Archie
steuerte zu dem Stoß gleichmütig eine alte Tuchmütze bei, von
der der Schirm abgerissen war. Der alte Singleton, der noch in
den höheren Regionen des Romans schwebte, las unbeirrt weiter. Charley piepste mit der Unbarmherzigkeit seiner Jugend:
»Wenn du noch Messingknöpfe für deine neue Uniform
brauchst – ich hab zwei für dich.« Der schmutzige Gegenstand
der allgemeinen Mildtätigkeit drohte dem Jungen mit der Faust.
»Dir werd' ich noch das Logisreinemachen beibringen, Freundchen«, fuhr er den Jungen boshaft an. »Hab' keine Angst, ich
bring' dir noch bei, höflich gegen einen Matrosen zu sein, du
dummer Esel.« Er starrte ihn mit einem wütenden Blick an,
aber als er sah, daß Singleton sein Buch zuklappte, ließ er seine
kleinen Augen unstet von Koje zu Koje wandern. »Nimm dir
die Koje da bei der Tür – die ist ganz gut«, schlug ihm Belfast
vor. Nach diesem Ratschlag raffte Donkin die zu seinen Füßen
liegenden Geschenke zusammen, drückte sie in einem Bündel
an die Brust und blickte vorsichtig den Ruß-Finnen an, der
versunken vor sich hinstarrte – vielleicht schwebte ihm eines
der geisterhaften Traumbilder vor, die die Männer seiner Rasse
heimsuchen. – »Geh' mir aus dem Weg, Hein«, sagte das Opfer der Yankee-Brutalität. Der Finne rührte sich nicht – hörte
nicht. »Platz da, verdammt, du«, schrie der andere und stieß
ihn mit dem Ellbogen zur Seite. »Platz da, du verdammter
taubstummer Idiot, geh weg!« Der Finne taumelte, kam langsam wieder zu sich und starrte den Sprecher schweigend an. –
»Diese verdammten Ausländer müßten viel mehr unter Druck

gehalten werden«, meinte Donkin leutselig zur Mannschaft. »Wenn du denen nicht zeigst, wo sie hingehören, dann tanzen sie dir auf der Nase herum, wie sonstwas.« Er schleuderte seinen ganzen irdischen Besitz in die leere Bettstatt, wog mit einem listigen Blick ab, ob er es riskieren könne, und sprang dann auf den Finnen zu, der teilnahmslos und nachdenklich dastand. »Von wegen sich hier aufspielen«, brüllte er. »Ich schlag' dir die Augen blau, du verdammter Dickschädel!« Die meisten lagen jetzt in den Kojen, und die beiden hatten den ganzen Raum für sich allein. Mit Interesse verfolgten die Leute, wie sich der notleidende Donkin da entpuppte. Abgerissen, wie er war, tanzte er vor dem überraschten Finnen hin und her und drohte dem breiten, unbewegten Gesicht aus sicherer Entfernung mit der Faust. Ein oder zwei Leute feuerten ihn an: »Gib's ihm, Whitechapel!« und lehnten sich dann behaglich in ihren Kojen zurück, um den Streit zu verfolgen. Andere schrien: »Hört auf mit dem Krach! ... Los, verschwindet!« Der Tumult ging wieder los. Plötzlich wurden mit einer Handspake kräftige Schläge gegen das Deck geführt, daß es wie Kanonendonner im Logis dröhnte. Darauf erhob sich draußen vor der Tür die Stimme des Bootsmanns in langgezogenem Befehlston: »Hört ihr, da unten? Achteraus kommen! Alle Mann achteraus zur Musterung!«

Einen Augenblick lang herrschte überraschtes Schweigen, dann schwangen sich die Leute mit einem Satz aus ihren Kojen und sprangen mit bloßen Füßen auf den Fußboden. Unter den zerwühlten Decken wurde nach Mützen gesucht, gähnend knüpften sich einige die Hosen zu. Halbausgerauchte Pfeifen wurden noch schnell an der Holzverschalung ausgeklopft und unter die Kopfkissen verstaut. »Was ist los?« knurrten einige. »Gibt's für uns keinen Feierabend?« Donkin kläffte: »Wenn das so auf diesem Schiff zugeht, dann müssen wir das bald ändern... Laßt mich bloß zufrieden ... Ich werd' bald ...« Keiner von der

Mannschaft beachtete ihn. Sie drängten sich zu zweien und zu dreien durch die Türen, wie es Matrosen nun einmal an sich haben, die nicht wie einfache Zivilisten durch eine Tür gehen können. Donkin, der Verfechter einer baldigen Änderung, folgte ihnen. Singleton zwängte sich in seine Jacke und ging als letzter. Mit seinem hocherhobenen, verwitterten Haupt auf dem athletischen Körper wirkte er wie der Vater von allen. Nur Charley blieb allein in dem leeren Raum. Er saß zwischen den beiden Reihen Kettengliedern, die sich bis nach vorne in die enge Finsternis erstreckten. Mit überstürztem Eifer versuchte er noch schnell seinen Knoten fertigzubringen, indem er wie besessen an den Kardeelen des Taues herumzog. Plötzlich sprang er auf und machte sich davon, nachdem er den Tampen nach der Katze geschleudert hatte, die daraufhin, den Schwanz wie einen kleinen Flaggenstock steif aufgerichtet, gelassen mit einem Satz über den Kettenstopper hinweg verschwand.

Aus der drückenden Schwüle des Logis traten die Leute in die klare, reine Nacht hinaus, die sie mit besänftigendem, lauem Hauch empfing; hoch über den Mastspitzen glitzerten zahllose Sterne in einer feinen Dunstschicht. Auf der Stadtseite erstreckten sich auf dem dunklen Wasser lange Streifen Lichts in sanfter wellenförmiger Bewegung wie Silberfäden auf das Land zu. Lange Reihen anderer Lichter standen in kerzengerader Linie wie zur Parade zwischen den aufragenden Gebäuden. Auf der anderen Seite des Hafens reckten dunkle Hügel ihre schwarzen Rücken empor, hinter denen vereinzelte Sterne wie vom Himmel gefallene Funken hervorleuchteten. In weiter Ferne, am Byculla Way, schienen die Bogenlampen bei den Schleusentoren von ihren hohen Pfeilern in die Nacht hinaus, mit dem kalten, harten Glanz, der von einem mit bösen Geistern bevölkerten Planeten zu kommen schien. Weit verstreut über die dunkelglänzende Reede schwammen im matten Glanz ihrer

Ankerlampen die regungslos vor Anker liegenden Schiffe, wie riesige, menschenleere, zur ewigen Ruhe bestimmte Gebilde. Vor dem Eingang zur Kajüte musterte der Erste seine Leute. Als sie am Großmast vorbeischlingerten und stolperten, konnten sie achtern sein rundes, breites Gesicht sehen, das auf ein weißes Blatt Papier blickte, und neben seiner Schulter das verschlafene Gesicht des Jungen, der mit gestrecktem Arm eine Kugellampe hochhielt. Bevor noch das Schlurren der nackten Füße aufgehört hatte, begann der Erste die Namen aufzurufen. Er sprach sehr deutlich und in einem ernsten Ton, wie es der Bedeutung dieser Musterung gebührte, die der Anfang einer ruhelosen, einsamen Zukunft, eines erbitterten Kampfes und, was noch schlimmer, der Beginn zahlloser Entbehrungen und ermüdender Pflichten war.

Jedesmal, wenn der Erste Offizier einen Namen aufrief, antwortete jemand mit: »Ja, Sir!« oder »Hier!« und löste sich aus der schattenhaften Gruppe von Köpfen, die sich in der Dunkelheit über der Steuerbordreling abhob, um dann mit bloßen Füßen in den Lichtkreis zu treten und hierauf mit zwei lautlosen Schritten nach Backbord in den Schatten des Achterdecks zu verschwinden. Die Antworten kamen in den verschiedensten Tonarten; einige murmelten undeutlich, andere antworteten mit klarer, lauter Stimme, und dann gab es welche, die den ganzen Vorgang als eine persönliche Beleidigung empfanden und sich mit gekränkter Stimme meldeten, denn auf Handelsschiffen ist die Disziplin sehr unzeremoniell. Der Sinn für Rang und Namen ist auf diesen Schiffen nur schwach ausgeprägt, weil sich alle vor der grenzenlosen Weite des Meeres und den hohen Anforderungen ihres Berufs einander gleich fühlen. Der Erste las gleichmütig weiter: »Hansen – Campbell – Smith – Wamibo. Na, wird's bald, Wamibo. Warum gibst du keine Antwort? Immer muß ich deinen Namen zweimal aufrufen.« Der Finne gab endlich ein unbeholfenes Grunzen von sich und durchschritt dann schicksalsergeben und geziert den Lichtkreis mit dem Gesicht eines Traumwandlers. Der Erste fuhr schneller fort: »Craik–Singleton–Donkin ... Mein Gott!« rief er unwillkürlich aus, als die unwahrscheinlich verwahrloste Figur vor ihm auftauchte. Donkin blieb stehen und entblößte mit einem boshaften Grinsen sein blasses Zahnfleisch und die langen Oberzähne. – »Paßt Ihnen etwas nicht an mir, Herr Steuermann?« fragte er in einem forciert unschuldigen Ton, in dem ein Beiklang von Unverschämtheit unverkennbar war. An beiden Seiten war unterdrücktes Kichern zu hören. – »Gut so, geh hinüber«, brummte Baker, wobei er mit seinen blauen Augen den neuen Matrosen unbeweglich fixierte. Donkin verschwand schnell aus dem Licht und tauchte in der Gruppe der gemusterten Leute unter. Dort klopfte man ihm auf den Rücken, und er hörte sie schmeichelhaft flüstern: »Hat keine Angst, der gibt's ihnen schon, paßt auf ... Richtiges Kasperletheater ... Habt ihr gesehen, wie der Erste ihn angestiert hat? ... Ja, ja! Verdammt, wenn ich je! ...«

Der letzte Mann war nach der anderen Seite hinübergetreten, und es herrschte einen Augenblick Stille, während der Erste auf seine Liste sah. »Sechzehn, siebzehn«, murmelte er und sagte dann laut: »Mir fehlt ein Mann, Bootsmann.« Der große Waliser an seiner Seite, sonnengebräunt und bärtig, wie ein riesiger Spanier, sagte in polterndem Baß: »Vorne ist keiner mehr, Sir. Ich hab' nachgesehen. Ist noch nicht an Bord, und kommt vielleicht noch vor Tagesanbruch.« – »Ja, vielleicht, oder auch nicht«, bemerkte der Erste. »Den letzten Namen kann ich nicht ausmachen. Voller Kleckse ... 's ist gut so. Leute! Ausscheiden!«

In die regungslos dastehende Gruppe gemusterter Leute kam Leben, sie löste sich auf und schob sich nach vorne.

»Wart!« rief lautschallend eine tiefe Stimme. Alle blieben stehen. Baker, der sich gähnend abgewandt hatte, fuhr mit

offenem Mund herum. Schließlich platzte er wütend los:
»Was bedeutet das? Wer sagte ›Wart‹? Was…« Er sah bloß
eine große Gestalt auf der Reling stehen. Der Mann kam herunter, drängte sich durch die Menge und kam mit schweren
Schritten auf das erleuchtete Achterdeck zu. Dann wiederholte
er mit sonorer Stimme beharrlich: »Wart!« Das Licht der Lampe fiel auf ihn. Er war hochgewachsen. Sein Kopf lag noch im
Schatten der Rettungsboote, die in den Bootsklampen über dem
Deck standen. Das Weiß seiner Augen und Zähne schimmerte
deutlich aus der Dunkelheit hervor, aber sein Gesicht war nicht
zu erkennen. Seine Hände waren groß und schienen in Hand-
schuhen zu stecken. Unerschrocken trat der Erste auf ihn zu.
»Wer sind Sie? Wie können Sie sich unterstehen…« begann er.
Der Schiffsjunge, überrascht wie alle übrigen, hob die Lampe
hoch und leuchtete dem Mann ins Gesicht. Es war schwarz. Die
Leute waren verblüfft. Man hörte halblautes Gemurmel, das
wie der unterdrückte Ausruf »Nigger« über Deck klang und
sich in der Nacht verlor. Der Nigger schien es nicht zu hören.
Er behielt seine Fassung, blieb stehen und ließ sich Zeit. Nach
einer Weile sagte er ruhig: »Mein Name ist Wart – James
Wart.«*

»Oh«, sagte der Erste, dann war seine Ruhe dahin. »So, Ihr
Name ist Wart. Und was soll das? Was soll das Geschrei hier
bedeuten?«

Der Nigger blieb ruhig, kühl und überlegen, in seiner Statt-
lichkeit einfach großartig.

Die Leute waren nähergekommen und standen dichtgedrängt
hinter ihm. Er überragte den Längsten unter ihnen noch um
einen halben Kopf. »Ich gehöre zum Schiff«, sagte er, wobei er
jedes Wort deutlich aussprach und sanft, aber bestimmt be-
tonte. Seine tiefe, dröhnende Stimme war mühelos über das
ganze Deck zu hören. Die herablassende, spöttische Art, wie er

* Im englischen Original lautet der Name James Wait.

sich gab, wirkte so natürlich, als habe er aus seiner Höhe von
ein Meter neunzig die menschliche Torheit in ihrer ganzen
Größe überschaut und beschlossen, ihr milde zu begegnen.
»Der Kapitän hat mich heute morgen angemustert«, fuhr er
fort, »ich konnte nicht früher an Bord gehen. Als ich das Fallreep heraufkam, sah ich sie alle achtern stehen und konnte mir
gleich denken, daß Sie die Mannschaft mustern. Natürlich rief
ich sofort meinen Namen. Ich dachte, Sie hätten ihn auf der
Liste und würden mich verstehen. Es war ein Mißverständnis.«
Er brach kurz ab. Die Verwirrung war nun vollständig. Er war
wie immer im Recht und wie immer bereit, zu vergeben. Der
verächtliche Ton seiner Stimme war verklungen, und schweratmend stand er inmitten all der weißen Männer. Im Schein
der Lampe sah man seinen erhobenen Kopf, ein mächtiges
Haupt mit tiefen Schatten in einem eingefallenen, gequälten
Gesicht, ein Gesicht, das mitleiderregend und brutal zugleich,
wie eine Maske wirkte; die tragische, geheimnisvolle und ab-
stoßende Maske einer Negerseele.
Baker, der seine Fassung wiedergewonnen hatte, beugte sich
über seine Liste und sagte: »O ja! Da steht's. In Ordnung,
Wart. Bring deine Sachen nach vorne.«
Plötzlich begann der Neger wild mit den Augen zu rollen, daß
nur noch das Weiße zu sehen war. Er preßte die Hand gegen
die Brust und hustete zweimal – ein metallisch klingendes,
furchtbar lautes, hohles Husten, das sich wie eine Explosion in
einer Gruft anhörte und noch in der Wölbung des Himmels wie
in der eisernen Verschanzung des Schiffes zu vibrieren schien;
dann ging er mit den andern nach vorne.
Die Offiziere, die im Kajütseingang standen, konnten noch
hören, wie er sagte: »Will mir keiner von euch bei meinem
Gepäck helfen? Ich hab' 'ne Seekiste und 'n Seesack.« Die eintönig mit sonorer Stimme gesprochenen Worte waren über das
ganze Schiff zu vernehmen. Die Frage war so gestellt, daß man

31

sie einfach nicht ablehnen konnte. Man hörte einige Leute mit kurzen, schnellen Schritten etwas Schweres nach vorne tragen, die große Gestalt des Negers, die alle anderen überragte, blieb zwischen einer Gruppe bei der Großluke zurück. Wieder hörte man ihn etwas fragen: »Ist euer Koch ein farbiger Gentleman?« Und dann ein enttäuschtes und mißbilligendes »Ah! Hm!« als Erwiderung auf die Mitteilung, daß der Koch zufällig nur ein Weißer sei. Als sie dann zusammen auf das Logis zu gingen, ließ er sich dennoch herab, den Kopf durch die Kombüsentür zu stecken und ein großartiges »Guten Abend, Smut!« in die Kombüse zu schmettern, daß alle Töpfe klirrten. Der Koch, der auf der Kohlenkiste vor dem Abendbrot des Kapitäns gedöst hatte, sprang wie von einem Peitschenhieb getroffen hoch und stürzte an Deck, wo er gerade noch die Rücken einiger Männer sehen konnte, die lachend fortgingen. Später, wenn er auf diese Reise zu sprechen kam, pflegte er zu sagen: »Der arme Kerl hatte mich nicht wenig erschreckt. Ich dachte, der leibhaftige Teufel stünde vor mir.«

Seit sieben Jahren fuhr der Koch unter demselben Kapitän auf dem Schiff. Er war ein ernster Mann, der zu Hause eine Frau und drei Kinder hatte, deren Gesellschaft er durchschnittlich einen Monat von zwölfen genießen konnte. Wenn er an Land war, ging er jeden Sonntag zweimal mit seiner Familie zur Kirche. Auf See schlief er jeden Abend bei brennender Lampe ein, eine Pfeife im Mund und die aufgeschlagene Bibel in den Händen. Einer mußte jede Nacht hingehen, um das Licht auszulöschen und ihm das Buch aus der Hand und die Pfeife aus dem Mund zu nehmen. »Denn eines Nachts«, pflegte Belfast sich verärgert zu beklagen, »eines Nachts wirst du blöder Koch deinen alten Kalkstummel noch verschlucken, und wir haben keinen Koch mehr.« – »Ach, Freundchen«, antwortete der andere mit heiterer Gelassenheit, die ebenso närrisch wie rührend wirkte, »ich bin bereit, dem Ruf meines Schöpfers zu folgen...

wollte nur, ihr wärt es alle auch.« Worauf Belfast draußen vor der Kombüsentür wütend vor Ärger herumsprang, »Du heiliger Narr! Ich will nicht, daß du stirbst«, heulte und ihn mit zärtlichen Augen im wutbebenden Gesicht anblickte. »Wozu die Eile, du gesegneter Holzkopf, du alter Ketzer? Der Teufel wird dich noch früh genug kriegen. Denk an uns … an uns … an uns!« Damit ging er gewöhnlich, nachdem er noch kräftig ausgespuckt und mit den Füßen aufgestampft hatte, sorgenvoll davon, indes der andere mit einem Kochtopf in der Hand friedlich und mit verschmiertem Gesicht an Deck hinaustrat und überlegen lächelnd seinem »komischen kleinen Mann« nachsah, der vor Wut zitterte. Sie waren dicke Freunde.

Der Erste saß auf der Achterluke und genoß gemeinsam mit dem Zweiten Offizier die kühle Nachtluft. »Diese Westindien-Neger sind doch gut gewachsen – einige jedenfalls … Ouch! … Nicht? Ein kräftiger, großer Kerl, das, Herr Creighton. Der kann pullen. Was? Ouch! Ich denk', ich nehm ihn auf meine Wache.« Der Zweite Offizier, ein höflicher, gebildeter junger Mann mit energischen Gesichtszügen und von kräftigem Körperbau, bemerkte dazu gelassen, daß er genau das erwartet habe. In seinen Worten klang eine Spur Bitterkeit mit, die der Erste freundlich zu verwischen suchte. »Na, na, junger Mann«, meinte er und knurrte zwischen den Worten. »Kommen Sie, seien Sie nicht zu gierig. Sie hatten die ganze Reise über den großen Finnen auf Ihrer Wache. Ich will nicht ungerecht sein. Sie können meinetwegen die beiden jungen Skandinavier haben, und ich … Ouch! … Ich krieg den Nigger, und nehm' neben dem … Ouch! … den unverschämten Grünhöker im schwarzen Gehrock. Den bring' ich schon auf Trab … Ouch … Ouch! Der soll noch springen … Ouch! … Nicht mehr Baker heißen. Ouch! Ouch! Ouch!« Er knurrte dreimal bissig. Dieses Knurren zwischen den Worten und am Schluß des Satzes war eine besondere Eigenart von ihm. Es war ein feines, eindrucks-

33

volles Knurren, das gut zu seiner polternden Sprechweise paßte, zu der wuchtigen, stiernackigen Figur und dem ruckweisen, schwankenden Gang, zu dem großen, zerfurchten Gesicht, den ruhigen Augen und dem bitteren Mund. Es verfehlte nur schon seit langem seine Wirkung auf die Leute. Sie hatten ihn gern. Belfast, der einer seiner Günstlinge war und es wußte, ahmte ihn ziemlich offen nach. Mit etwas mehr Vorsicht imitierte Charley den schwankenden Gang des Ersten. Einige seiner Redensarten waren im Logis zu geflügelten Worten geworden. Weiter kann die Beliebtheit nicht gehen! Außerdem waren alle Mann davon überzeugt, daß der Erste, wenn es darauf ankam, einen Mann zusammenstauchen konnte, daß es nur so eine Art hatte.

Nun gab er seine letzten Befehle. »Ouch! ... Du Knowles! Alle Mann um vier Uhr wecken. Ich will ... Ouch! Kurzstag hieven, bevor der Schlepper kommt. Paß auf, wenn der Kapitän kommt. Ich leg mich jetzt im Zeug hin ... Ouch! ... Weck mich, wenn du das Boot kommen siehst. Ouch! Ouch! ... Der Alte wird mich sicher sprechen wollen, wenn er an Bord kommt«, bemerkte er zu Creighton. »Dann gute Nacht ... Ouch! Haben morgen einen langen Tag vor uns ... Ouch! Leg mich jetzt lieber hin! Ouch! Ouch!«

Ein Streifen Licht blitzte über das Deck, dann hörte man eine Tür zuschlagen, und der Erste war in seiner kleinen, netten Kammer verschwunden. Creighton blieb über die Reling gelehnt stehen und schaute verträumt in die Tropennacht. Er sah einen langen Heckenweg vor sich. Einen Weg inmitten grüner Blätter unter einer strahlenden Sonne. Er sah die alten breitästigen Bäume mit ihren im Winde schwankenden Zweigen, durch deren Kronen das zarte, schmeichelnde Blau des englischen Himmels schimmerte. Und aus dem Dom von Blättern schwebte eine Mädchengestalt im duftigen Sommerkleid lächelnd vom Himmel hernieder.

Im Logis, am andern Ende des Schiffes, brannte nur noch eine Lampe, und alles war schlafen gegangen. Dann und wann wurde die Stille durch laute Atemzüge oder einen jähen Seufzer unterbrochen. Die beiden Reihen Kojen an den Seiten glichen dunklen Grabstätten, die unruhige Geister beherbergten. Da und dort bezeichnete ein halb zurückgezogener bunter Vorhang die Ruhestätte eines Sybariten. Leblos hing ein weißhäutiges Bein über den Rand einer Koje; aus einer anderen ragte ein Arm heraus, die dunkle Handfläche nach oben gekehrt, die dicken Finger halb gekrümmt. Man hörte das leise Schnarchen von zwei Männern, die, wie im komischen Wettstreit, vergeblich versuchten, in Takt zu kommen. Singleton stand entblößt – der alte Mann litt sehr unter Hitzpickeln –, die Arme über die nackte, tätowierte Brust gekreuzt, im Türeingang, um sich den Rücken zu kühlen. Sein Kopf berührte den Decksbalken über sich. Der Neger, halb ausgezogen, war dabei, den Lasching von seiner Seekiste abzunehmen und sein Bettzeug in einer der Oberkojen auszubreiten. Er lief lautlos in Socken umher, wobei ihm die Hosenträger um die Beine schlenkerten. Im Schatten des Bugspriets saß Donkin mit hochstehenden Füßen hinter einem Stützen an Deck und kaute geräuschvoll an einem Stück Hartbrot. Seine Augen wanderten unruhig hin und her. Er hielt den Biskuit in der Höhe des Mundes fest in der Faust und biß mit wütendem Gesicht Stück für Stück davon ab, wobei ihm die Krumen zwischen die ausgestreckten Beine fielen. Schließlich stand er auf.

»Wo ist unser Wasserfaß?« fragte er mit unterdrückter Stimme. Ohne ein Wort zu sagen, deutete Singleton mit seiner großen Hand, in der er eine kurze, qualmende Pfeife hielt, auf das Faß hin. Donkin beugte sich darüber und trank aus dem Zinnbecher, wobei das Wasser umherspritzte, dann wandte er sich um und sah, wie ihn der Neger mit einem kalten, hochmütigen Blick unverwandt ansah. Donkin ging zur Seite und flüsterte verbittert: »Verdammter Fraß für einen Mann. Mein Hund daheim würde das nicht nehmen. Aber für uns ist's gut genug. Schönes Logis für 'n großes Schiff... Nicht ein verdammter Fetzen Fleisch in den Backen. Ich hab' in allen Spinden nachgesehen...«

Der Neger starrte ihn an, als sei er unerwartet in einer fremden Sprache angeredet worden. Donkin wechselte den Ton: »Hast du 'ne Piep voll Tabak für mich, Kumpan?« fragte er vertraulich. »Ich hab' den ganzen letzten Monat über nichts zu rauchen und auch nichts zu priemen gehabt. Ich bin ganz verrückt darauf. Mal los, alter Freund!«

»Werd' nicht so intim«, sagte der Neger. Donkin fuhr zusammen und setzte sich baß erstaunt auf die nächste Seekiste. »Wir haben, meine ich, keine Schweine zusammen gehütet«, fuhr James Wart mit tiefer Stimme fort. »Hier ist dein Tabak.« Dann fragte er nach einer Weile: »Was war dein letztes Schiff?« – »Die *Golden State*«, murmelte Donkin undeutlich und biß dabei ein Stück Tabak ab. Der Neger pfiff leise durch die Zähne. – »Weggelaufen?« fragte er kurz. Donkin nickte und schob seinen Priem hinter die Backe, daß sich dort eine Beule bildete. »Natürlich bin ich weggelaufen«, brummelte er. »Erst haben sie auf der Reise einem Dago die Seele aus dem Leib geschunden, dann fielen sie über mich her. Da bin ich ausgerückt.« – »Dein Zeug zurückgelassen?« – »Ja, Zeug und Geld«, antwortete Donkin mit erhobener Stimme. »Ich hab' gar nichts. Kein Zeug und keine Decken. So ein krummbeiniger Ire hat mir 'ne Decke gegeben... ich glaub', ich geh' heut nacht im Vorstengestagsegel schlafen.«

Er ging an Deck und zog die Decke an einem Zipfel hinter sich her. Ohne aufzusehen, rückte Singleton ein wenig zur Seite, um ihn vorbeizulassen. Der Neger hatte sein Landgangszeug verstaut und saß in sauberem Arbeitszeug, einen Arm über die Knie gelegt, auf seiner Seekiste. Nachdem er Singleton eine

36

Weile angeschaut hatte, fragte er so obenhin: »Was ist das für
'n Schiff hier? Ein anständiges? Ja?«
Singleton rührte sich nicht. Nach einer langen Pause sagte er
mit unbewegtem Gesicht: »Schiff! ... Die Schiffe sind in Ordnung. Auf die Leute kommt es an!« Er rauchte weiter – im
Logis war es totenstill geworden. Unbewußt war über seine
alten Lippen die Weisheit gedrungen, die er ein halbes Jahrhundert hindurch im Donner der See erlauscht hatte. Die Katze
schnurrte auf dem Ankerspill. Dann bekam James Wart einen
Hustenanfall, der ihn, dröhnend und röchelnd, wie ein Orkan
schüttelte und schließlich der Länge nach auf seine Seekiste
warf. Einige Leute wachten auf. Schläfrig sagte einer aus seiner
Koje heraus: »Verdammt, was für ein Krach!«–»Ich bin stark
erkältet«, keuchte Wart. – »Erkältet nennst du das?« brummte
der Mann. »Denk, 's ist etwas mehr ...«–»Oh, das meinst du«,
sagte der Neger von oben herab wieder in seinem kühlen, verächtlichen Ton. Dann kletterte er in seine Koje und begann
ausdauernd zu husten, wobei er den Kopf aus der Koje heraus-
streckte und im Logis umherblickte. Aber es kamen keine Pro-
testrufe mehr. Er sank wieder auf sein Kissen zurück, und in
regelmäßigen Abständen konnte man ihn wie in einem Alp-
traum ächzen hören.
Singleton stand in der Tür, sein Gesicht dem Licht und den
Rücken dem Dunkel zugekehrt. Allein in der düsteren Leere
des schlafenden Mannschaftslogis erschien er größer, überle-
bensgroß und ganz alt; alt wie Vater Chronos selbst, der an
diesen grabesstillen Ort gekommen war, um mit geduldigen
Augen den kurzen Triumph des Trösters Schlaf mitanzusehen.
Und doch war er nur ein Kind seiner Zeit, ein einsamer Überrest einer vergangenen und vergessenen Generation. Ungebeugt, immer noch stark und wie immer von keinem Gedanken beschwert: ein Mann, stets einsatzbereit, mit einer ungeheuren, inhaltslosen Vergangenheit und ohne Zukunft, in

37

dessen tätowierter Brust die kindlichen Impulse und männlichen Leidenschaften schon abgestorben waren. Die Männer, die sein Schweigen verstehen konnten, waren dahingegangen – jene Männer, die das Leben jenseits aller menschlichen Grenzen, angesichts der Ewigkeit noch zu meistern verstanden. Sie waren stark, stark wie jene sind, die weder Zweifel noch Hoffnung kennen. Sie waren ungeduldig und ausdauernd, ungestüm und ergeben, unbändig und treu. Manche, die es gut mit ihnen meinten, hatten versucht, sie als Männer hinzustellen, die ihr karges Brot nur mit Tränen aßen und ihre Arbeit in steter Angst um ihr Leben verrichteten. In Wahrheit sind es Männer gewesen, die Plackerei und Entbehrung, Gewalttätigkeit und Ausschweifung gekannt – aber nichts von Furcht wußten und in deren Herzen die Bosheit keinen Platz hatte. Männer, die schwer zu lenken, doch leicht zu begeistern waren; vielen Worten feind, doch Manns genug, in ihrer Brust jede sentimentale Regung über ihr hartes Geschick zu unterdrücken. Es war ein außergewöhnliches Geschick, und es war das ihre – es zu tragen, schien ihnen das Vorrecht der Auserwählten. Sie machten nicht viel von sich reden und waren doch unentbehrlich. Sie wußten nichts von den Annehmlichkeiten der Liebe und der Geborgenheit eines Heimes, und sie starben frei von der dunklen Furcht vor einem engen Grabe. Sie waren die ewigen Kinder der geheimnisvollen See. Gefolgt sind ihnen die erwachsenen Kinder einer unzufriedenen Welt. Sie sind nicht so schlimm, aber auch nicht so unschuldig; nicht so unehrerbietig, aber vielleicht auch nicht so gläubig; und wenn sie reden gelernt haben, so haben sie auch klagen gelernt. Die andern aber waren stark und stumm. Sie standen gebeugt unter ihrer dauernden Bürde im Schatten, wie Karyatiden, die in dunkler Nacht die leuchtenden Festsäle eines prächtigen, strahlenden Baues stützen. Nun sind sie dahingegangen, und niemand fragt danach. Die See und die Erde sind ihren Kindern nicht treu: eine Wahrheit, ein Glaube, eine Generation von Männern schwindet dahin – und ist vergessen. Niemand fragt danach! Bis auf die wenigen vielleicht, die an die Wahrheit glaubten, sich zur Treue bekannten oder die Menschen liebten.

Es briste auf. Das stromrecht liegende Schiff schwoite bei einem starken Windstoß, und plötzlich kam die zwischen Spill und Klüse lose herunterhängende Ankerkette rasselnd steif. Sie glitt einen Zoll voraus und hob sich dabei leicht von Deck ab, so als ob heimliches Leben verborgen in dem Eisen gelauert hätte. Das Knirschen der Kettenglieder in der Klüse tönte durch das ganze Schiff, wie das leise Stöhnen eines Menschen, der unter einer schweren Bürde seufzt. Die Kette kam bis zum Ankerspill zitternd wie eine Saite steif, und der Griff der Handbremse begann sich ruckartig zu bewegen. Singleton trat einen Schritt vor.

Bisher hatte er in gedankenloser Versunkenheit still und verloren, mit düsterem, leerem Gesicht dagestanden – ein sechzig Jahre altes Kind der geheimnisvollen See. Die Gedanken, die er zeit seines Lebens gedacht, hätte man in sechs Worte zusammenfassen können; doch ein Schein wachen Verständnisses glitt über sein ernstes, zerfurchtes Gesicht, als Leben in die Dinge kam, die wie der Schlag seines Herzens zu ihm gehörten. Die Lampe schwankte unruhig hin und her, und in dem wilden Reigen der tanzenden Schatten stand der alte Mann, die buschigen Augenbrauen gerunzelt, wachsam und unbeweglich an der Bremse des Ankerspills, bis das Schiff dem Zug seines Ankers folgend leicht vorausglitt und die Kette entlastete. Sie senkte sich, schwang einige Male unmerklich hin und her und schlug dann mit einem lauten Aufschlag auf die harten Holzplanken. Singleton faßte den Hebel und zog die Bremse mit einem heftigen Schwung um eine halbe Drehung an. Dann richtete er sich mit einem tiefen Atemzug auf und starrte auf die kräftige,

39

butzige Maschine, die, einem ruhenden Ungeheuer gleich, zu seinen Füßen an Deck kauerte – ein wunderbares, gezähmtes Tier.

»Du ... halt aus!« brummte er ihm herrisch zu, aus dem ungepflegten Gewirr seines weißen Bartes.

II

Am nächsten Morgen, bei Tagesanbruch, ging die *Narzissus* in See. Leichter Dunst verschleierte den Horizont. Vor dem Hafen dehnte sich die endlose Wasserfläche wie glitzerndes Geschmeide über dem Meeresgrund, verlassen und leer wie der Himmel darüber. Der stämmige schwarze Schlepper holte das Schiff in der üblichen Weise mit einem letzten kurzen Zug an den Wind, dann warf er die Trosse los und trieb noch eine Weile mit gestoppter Maschine achter dem Schiff, während der schmale, lange Rumpf der *Narzissus* langsam unter Untermarssegel Fahrt aufnahm. Die losgemachten oberen Segel blähten sich im Wind. Ihre sanftgerundeten Formen ähnelten kleinen, weißen Wolken, die sich im Gewirr der Taue verfangen hatten. Dann wurden die Schoten angeholt, die Rahen geheißt, bis das Schiff zu einer hohen, einsamen Pyramide emporwuchs, die strahlend weiß im sonnigen Dunst dahinglitt. Der Schlepper drehte kurz ab und dampfte zurück, dem Festland zu. Sechsundzwanzig Augenpaare blickten ihm nach und sahen, wie sein niedriges, breites Heck über die sanfte Dünung kroch. Die beiden Schaufelräder, die sich rasch drehten, rührten mit ungestümer Hast das Wasser auf. Der kleine Schlepper glich einem riesigen, schwarzen Wasserkäfer, der, vom Licht überrascht und vom Sonnenschein betäubt, sich vergeblich abmühte, in das ferne Dunkel der Küste zu entkommen. Er hinterließ eine schmutzige, am Himmel hinziehende Rauchfahne und zwei langsam zerfließende Schaumstreifen auf dem Wasser. An der Stelle, wo er gestoppt hatte, wiegte sich – ein trübes Kennzeichen der rastenden Kreatur – ein kreisrunder, schwarzer Rußfleck in der Dünung.

Einsam steuerte die *Narzissus* nach dem Süden. In der unruhigen See, unter der wandernden Sonne, schien das Schiff in seinem prachtvollen Glanz stillzustehen. Schaumstreifen fegten an seinen Seiten vorbei; die See brandete aufblitzend gegen die Bordwand; die Küste glitt langsam zurück und verblaßte; ein paar kreischende Vögel schwebten mit regungslosen Schwingen über den schwankenden Mastspitzen; dann verschwand das Land endgültig, die Vögel flogen davon, und im Westen tauchte das spitze Segel einer arabischen Dau auf, die auf Bombay zuhielt. Das dreikantige Segel wuchs senkrecht über die scharfe Linie des Horizonts empor und verschwand nach einer Weile wie ein Traumgespinst. Dann zog sich das Kielwasser der *Narzissus* lang und gerade durch einen Tag unendlicher Einsamkeit. Die untergehende Sonne flammte unter schweren Regenwolken hervor, blutrot über die spiegelnde See. Eine von achtern aufkommende Bö löste sich in der kurzen Sintflut eines prasselnden Regenschauers auf, der das Schiff von der Wasserlinie bis zum Flaggenknopf vor Nässe erglänzen ließ und seine Segel dunkel färbte. In dem stetigen Monsun machte die *Narzissus* gute Fahrt. Die Decks waren für die Nacht aufgeklart, und das ständige Rauschen des Wassers, das sie begleitete, verschmolz mit den leisen Reden der Leute, die sich achtern zum Wachwechsel versammelt hatten; es vermischte sich mit dem kurzen Wehlaut eines Blockes in der Takelage oder ab und zu mit einem lauten Seufzer des Windes.

Baker kam aus seiner Kammer und rief laut den ersten Namen auf, ehe er noch die Tür hinter sich geschlossen hatte. Er war im Begriff, die Wache zu übernehmen. Nach altem Seemannsbrauch geht der Erste Offizier auf der Heimreise die erste Nachtwache von acht Uhr bis Mitternacht. Etwas übelgelaunt gab Baker daher, nachdem er das letzte »Alle hier« vernommen hatte, die Order zum Wachwechsel: »Verfang Ruder und Ausguck«, und stieg mit schweren Schritten die Luvtreppe zum Achterdeck hinauf. Bald darauf kam Creighton herunter. Er pfiff leise vor sich hin und verschwand in seiner Kammer. An der Tür lehnte der Steward in Gedanken versunken. Er hatte Pantoffeln an, und seine Hemdsärmel waren bis zur Achselhöhle aufgerollt. Auf dem Oberdeck war der Koch, der gerade die Kombüsentüren abschloß, mit Charley in einen Wortwechsel wegen eines Paars Socken geraten. Man konnte hören, wie er mittschiffs in der Dunkelheit nachdrücklich ausrief: »Du verdienst keine Freundlichkeit. Ich hab' sie dir getrocknet, und nun beschwerst du dich wegen der Löcher – und fluchst noch dazu! Mir ins Gesicht! Wenn ich nicht ein Christ wäre – was du nicht bist, du junger Rohling –, dann würde ich dir eine runterhauen. Mach, daß du wegkommst!« Zu zweit oder dritt standen die Männer nachdenklich herum oder schritten schweigend an der Reling auf und ab. Der erste harte Arbeitstag der Heimreise neigte sich seinem Ende zu und klang friedlich in die wieder beginnende Routine einer langen Seereise aus. Achtern auf der Poop ging der Erste schlurfend auf und ab und brummte in Gedanken vor sich hin. Vorne stand der Ausglucksposten aufrecht zwischen den beiden Ankerflunken und summte pausenlos eine Melodie, während er pflichteifrig mit einem ausdruckslosen Blick nach vorne starrte. Eine große Zahl von Sternen blinkte in der klaren Nacht und belebte das leere Firmament. Sie glitzerten wie über dem Wasser schwebende Lebewesen und umringten das Schiff von allen Seiten, eindringlicher als die Augen einer starrenden Menge und unergründlich wie die Seelen der Menschen.

Die Reise hatte begonnen, und das Schiff zog, wie ein von der Erde losgelöster kleiner Planet einsam und eilig seine Bahn. Ringsumher flossen Himmel und See in einer unerreichbaren Grenze ineinander. Mit dem Schiff zog die Einsamkeit, die im steten Kreislauf ewig wechselte und ewig die gleiche blieb; die immer eintönig und immer imposant war. In weiter Ferne tauchte ab und zu ein anderer weißer Fleck mit einer lebenden Fracht auf und verschwand wieder – seinem eigenen Schicksal unterworfen.

Die Sonne schaute den ganzen Tag über auf das Schiff herab und kam jeden Morgen mit einem großen, brennenden Blick unersättlicher Neugier wieder. Die *Narzissus* hatte ihre eigene Zukunft; sie lebte mit den Wesen, die auf ihrem Deck umhergingen. Wie die Erde, die sie der See überlassen hatte, trug sie eine unerträgliche Last von Kummer und Hoffnungen. Die zaghafte Wahrheit lebte auf ihr und die freche Lüge; und wie die Erde, war sie sich dessen nicht bewußt, war sie schön anzusehen – und von den Menschen zu einem gemeinen Schicksal verdammt. Die erhabene Einsamkeit ihrer Bahn adelte den unwürdigen Zweck ihrer Pilgerfahrt. Gischtsprühend jagte sie südwärts, von mutigem Streben beseelt. Die lächelnde Größe der See ließ jeden Zeitbegriff verkümmern. Ein Tag jagte den andern, leuchtend und schnell, wie die Blitze eines Leuchtfeuers; und die Nächte, ereignisreich und kurz, glichen flüchtigen Träumen.

Die Leute hatten sich eingelebt, und die halbstündlichen Schläge der Glocken beherrschten ihr arbeitsreiches Dasein. Tag und Nacht konnte man achtern am Ruder Haupt und Schulter eines Seemannes sehen, die sich in unerschütterlicher Ruhe über den wirbelnden Speichen vom Licht der Sonne oder der Sterne abhoben. Nur die Gesichter wechselten in regelmäßiger Folge. Es waren junge Gesichter, bärtige, dunkle, heitere und schwermütige; doch allen hatte die Brüderschaft der See ihren Stempel aufgedrückt. Alle hatten sie den gleichen aufmerksamen Ausdruck in den Augen, mit dem sie sorgsam auf Kompaß und Segel achteten. Kapitän Allistoun schritt den ganzen Tag lang mit ernstem Gesicht, einen roten Schal um den Hals, auf der Poop hin und her. Oft tauchte er nachts in der Dunkelheit aus dem Niedergang auf, wie ein Gespenst aus dem Grabe, und stand wachsam und stumm unter den Sternen, während sein Nachthemd wie eine Flagge flatterte – dann verschwand er wieder lautlos nach unten. Er war an der Küste des Pentland Firth geboren. In seinen jungen Jahren war er auf einem Walfänger von Peterhead gefahren und hatte es bis zum Harpunierer gebracht. Wenn er von jener Zeit sprach, dann wurden seine ruhelosen, grauen Augen starr und kalt wie drohend aus der See aufragendes Eis. Später ging er zur Abwechslung auf Ostindienfahrt. Die *Narzissus* führte er von der Jungfernreise an. Er liebte sein Schiff und knüppelte es erbarmungslos; denn es war sein geheimer Ehrgeiz, einmal mit ihr eine besonders schnelle Reise zu machen, die man in den nautischen Zeitschriften erwähnen würde. Den Namen seines Reeders sprach er nur mit zynischem Lächeln aus. Mit seinen Offizieren redete er selten, und Versehen rügte er in höflichem Ton mit Worten, die ins Schwarze trafen. Sein Haar war stahlgrau, sein Gesicht hart und lederfarben. Er rasierte sich regelmäßig jeden Tag – morgens um sechs –, nur einmal war er an drei aufeinanderfolgenden Tagen nicht dazu gekommen, als ihn achtzig Seemeilen südwestlich von Mauritius ein heftiger Hurrikan erwischte. Er fürchtete nichts als einen unversöhnlichen Gott und wünschte seine Tage in einem kleinen Häuschen zu beschließen, mit einem Stück Grund und Boden dabei – weit im Lande – außer Sicht der See.

Er, der Herrscher über diese kleine Welt, stieg selten von der olympischen Höhe der Poop herab. Unter ihm, sozusagen zu seinen Füßen, führten die gewöhnlichen Sterblichen ihr geschäftiges und unbedeutendes Leben. Auf dem Oberdeck brummte blutdürstig, aber harmlos der Erste und ließ uns schwer arbeiten, da er, wie er einmal bemerkte, genau dafür bezahlt würde. Die Leute, die an Deck arbeiteten, waren gesund und zufrieden, wie die meisten Seeleute, wenn sie erst einmal richtig auf See sind. Der wahre Gottesfrieden beginnt erst in tausend Seemeilen Abstand von der nächsten Küste. Und wenn ER dort seine Macht fühlen läßt, dann geschieht es nicht in furchtbarem Zorn über Verbrechen, Vermessenheit und Laster, sondern väterlich, um einfache, unwissende Seelen zu züchtigen, die nichts vom Leben wissen und Neid und Habgier nicht kennen.

Am Abend bot das aufgeklarte Deck einen friedlichen Anblick, der an den Herbst an Land erinnerte. In einen Mantel von Wolken gehüllt, senkte sich die Sonne zur Ruhe. Vorne am Ende der Reservespieren saßen der Bootsmann und der Zimmermann mit gekreuzten Armen nebeneinander, zwei freundliche Männer von kräftiger Statur. Der kleine, untersetzte Segelmacher neben ihnen, der bei der Marine gedient hatte, rauchte seine Pfeife und erzählte zwischen den Zügen unmögliche Geschichten von Admiralen. Andere gingen paarweise an Deck auf und ab und brachten es dabei mühelos fertig, auf ihrem beengten Weg nicht aus dem Schritt und Gleichgewicht zu kommen. In ihrem großen Hock grunzten ein paar Schweine. Belfast lehnte nachdenklich auf seinen Ellbogen vor den Eisenstäben und unterhielt sich in Gedanken mit ihnen. Auf den Pollern und auf den Stufen der Backtreppen saßen die Männer, das Hemd weit offen über der sonnenverbrannten Brust. Beim Fockmast stritt sich eine Gruppe über die Merkmale eines Gentleman. Einer sagte: »Das Geld macht's aus.« Ein anderer behauptete: »Nein, es ist die Art, wie sie sprechen.« Der lahme Knowles humpelte hinzu, wie immer mit ungewaschenem Gesicht (er hatte den Ruf, der schmutzigste Mann im Logis zu sein), und erklärte listig, wobei er mit pfiffigem Lächeln ein paar gelbe Hauer sehen ließ, er habe »einige ihrer Hosen gesehen« und dabei beobachtet, daß ihre Kehrseiten vom ewigen Bürositzen dünner als Papier waren. Aber sonst hätten sie erstklassig ausgesehen, als ob sie Jahre hielten. Das sei alles nur Schein. Es sei überhaupt »verdammt leicht, ein Gentleman zu sein«, meinte er, »wenn man's im Leben gut getroffen hat«. Sie stritten endlos, hartnäckig wie Kinder; sie wiederholten ihre verblüffenden Argumente, schreiend und mit erhitzten Gesichtern, während die sanfte Brise, die sich in der mächtigen Höhlung der Fock fing, wirbelnd über die barhäuptigen Köpfe dahinstrich und ihr verwehtes Haar nachsichtig, wie eine Liebkosung durcheinanderwühlte.

Sie vergaßen alle Plackerei, vergaßen sich selbst. Der Koch gesellte sich zu ihnen, um zuzuhören, und stand nun dort im erhebenden Bewußtsein seines strengen Glaubens, selbstgefällig wie ein Heiliger, der keinen Augenblick vergessen kann, daß ihm göttlicher Lohn sicher ist. Auf der Back saß Donkin allein und brütete über seine Missetaten. Um die Unterhaltung unter sich belauschen zu können, rückte er näher und lehnte sich nachlässig gegen die Reling. Er wandte sein blasses Gesicht der See zu, und seine dünnen Nasenflügel bebten, wie er schnüffelnd die Brise einzog. Das glühende Abendrot beleuchtete eifrige Gesichter, blitzende Zähne und funkelnde Augen. Die auf und ab wandernden Paare standen plötzlich still und grinsten über das ganze Gesicht, einer von den Leuten, der über eine Waschbalge gebeugt war, richtete sich, die nassen Arme voller Seifenlauge, hingerissen auf. Sogar die drei Unteroffiziere lehnten sich behaglich zurück und hörten mit überlegenem Lächeln zu. Belfast hielt inne, das Ohr seines Lieblingsschweines zu kratzen, und lauerte nun mit offenem Mund und gespannten Blicken darauf, seine Meinung anzubringen. Aufgeregt fuchtelte er mit den Armen. Aus der Ferne schrie Charley: »Ich weiß mehr von Gentlemen, mehr als irgendeiner von euch. Ich hab' mit ihnen zu tun gehabt... hab' ihre Schuhe geputzt.« Der Koch streckte den Hals vor, um besser zu hören, und war entrüstet. »Halt's Maul, wenn ältere Leute sprechen,

du unverschämter junger Heide du!« – »Ganz recht, alter Halle-
luja, is' schon gut«, antwortete Charley besänftigend. Bei
irgendeinem Ausspruch des schmutzigen Knowles, den er mit
besonders verschmitzter Miene vorgebracht hatte, ging leises
Gelächter durch die Reihen, das wie eine Welle anstieg und in
Gebrüll barst. Die Leute stampften mit den Füßen auf, wandten ihre Gesichter schreiend gen Himmel; einige klatschten
sich auf die Schenkel, während sie laut durcheinanderredeten.
Ein oder zwei schnappten nach Luft, hielten sich mit beiden
Armen umfaßt und wanden sich wie in fürchterlichen Schmer-
zen. Der Zimmermann und der Bootsmann schüttelten sich vor
Lachen, blieben aber sitzen, ohne ihre Haltung zu verändern.
Der Segelmacher sah mürrisch drein, weil er gerade eine Anek-
dote von einem Kommodore auf Lager hatte. Der Koch wischte
sich mit einem fettigen Lappen die Augen, und der lahme
Knowles stand, erstaunt über seinen eigenen Erfolg, in der
Mitte und lächelte verlegen.

Plötzlich wurde das Gesicht Donkins, der mit hochgezogenen
Schultern über die Backreling lehnte, ganz ernst. Durch die Tür
des Logis war so etwas wie ein leichtes Röcheln zu hören. Es
steigerte sich zu einem Murmeln und brach mit einem seufzen-
den Stöhnen ab. Der Wäscher tauchte seine beiden Arme abrupt
in die Balge; der Koch war mit einem Mal so niedergeschlagen,
als sei er als Abtrünniger entlarvt worden; der Bootsmann
zuckte verlegen die Schultern; der Zimmermann sprang mit
einem Satz auf und ging davon – während der Segelmacher im
Geiste seine Geschichte aufzugeben schien und mit düsterer
Entschlossenheit seine Pfeife zu paffen begann. Aus dem Dunkel des Türeingangs glühte weiß und starr ein großes Augen-
paar. Dann tauchte der Kopf von James Wart auf. Er schien
zwischen den zwei Händen zu hängen, die zu beiden Seiten des
Gesichts die Türpfosten umklammert hielten. Der Zipfel seiner
blauen wollenen Nachtmütze hing nach vorne und tanzte lu-

stig über seinem linken Auge. Mit einem wankenden Schritt trat er an Deck hinaus. Er sah kräftig aus, wie immer, nur in seiner Haltung zeigte sich eine merkwürdige, gekünstelte Unsicherheit. Sein Gesicht war vielleicht etwas dünner geworden, und seine Augen traten erschreckend weit hervor. Seine bloße Gegenwart schien das Schwinden des Tageslichts zu beschleunigen. Die sinkende Sonne tauchte jäh unter, als wollte sie vor dem Neger fliehen. Pechschwarze Dunkelheit schien von ihm auszugehen. Er strömte einen schleichenden, bedrückenden Einfluß aus, eine Kälte und Schwermut, die sich wie ein Trauerschleier über die Gesichter aller legte. Der Kreis löste sich auf. Das frohe Lachen erstarb auf den erstarrten Lippen. Unter der ganzen Mannschaft blieb nicht ein Lächeln übrig. Kein Wort wurde gesprochen. Viele wandten sich ab und versuchten, sich unbeteiligt zu geben; andere sahen mit halb widerstrebenden Blicken über die Schulter nach dem Neger hin. Sie glichen alle weit eher Verbrechern, die sich ihrer Missetaten bewußt sind, als ehrlichen Männern, die ein Zweifel quält. Nur zwei oder drei standen mit halboffenem Mund da und sahen gerade, aber stumpfsinnig vor sich hin. Alle warteten darauf, daß James Wart etwas sagen sollte – und schienen doch schon im voraus zu wissen, was er sagen würde. Er lehnte mit dem Rücken gegen den Türpfosten und ließ aus müden Augen einen herrischen, schmerzvollen Blick über uns hinweggleiten, wie ein kranker Tyrann, der eine Horde elender, unzuverlässiger Sklaven einschüchtern will.

Keiner ging weg. Wie gebannt vor Furcht warteten alle. Ironisch sagte er, wobei er zwischen den Worten nach Luft schnappte: »Danke euch... Jungs. Ihr... seid nett... und... ruhig... wirklich! Brüllt so... vor... der Tür...«

Er machte eine längere Pause, in der er mit übertriebener Anstrengung Atem schöpfte. Es war unerträglich. Man hörte Füße scharren. Belfast stöhnte, aber Donkin oben auf der Back blin-

zelte mit seinen geröteten Augenlidern und den unsichtbaren
Wimpern und lächelte unfreundlich auf den Neger hinunter.
Erstaunlich mühelos fuhr dieser fort. Er keuchte nicht mehr,
und seine Stimme dröhnte hohl und laut, als spräche er in
einer leeren Höhle. Er war wütend und verachtete sie.
»Ich wollte ein kleines Schläfchen machen. Ihr wißt, daß ich
nachts nicht schlafen kann. Und da kommt ihr und schnattert
hier vor der Tür, wie ein Haufen verdammter alter Weiber ...
Ihr haltet euch für gute Kameraden, was? ... Kümmert euch
sehr um einen sterbenden Mann!« Belfast drehte sich am
Schweinshock um: »Jimmy«, schrie er mit zitternder Stimme,
»wenn du nicht krank wärst, dann wollt' ich –«
Er brach ab. Der Neger wartete eine Weile und sagte dann in
schwermütigem Ton: »Du wolltest was? Geh' und schlag dich
mit deinesgleichen. Mich laß in Frieden. Ich leb' nicht mehr
lange. Ich werd' bald sterben ... Das kommt früh genug!«
Die Leute standen totenstill da und blickten gereizt um sich.
Das war es, was sie erwartet hatten und nicht hören wollten,
dieser Gedanke an den schleichenden Tod, den ihnen der verhaßte Neger so oft im Laufe des Tages prahlend und drohend
vorhielt. Er schien auf diesen Tod richtig stolz zu sein, der bisher doch nur seinen Seelenfrieden berührt hatte. Er war dabei
so arrogant, als habe niemand sonst auf der Welt jemals etwas
mit diesem Gesellen zu tun gehabt. Er führte ihn uns mit solch
hingebungsvoller Beharrlichkeit vor, daß seine Gegenwart nicht
mehr wegzuleugnen, zugleich aber auch unglaubhaft war. Keinem Menschen war eine so ungeheuerliche Freundschaft zuzu-
trauen! War er Wirklichkeit oder ein Trugbild – dieser ewiger-
wartete Besucher Jimmys? Wir schwankten zwischen Mitleid
und Mißtrauen, während er bei der geringsten Herausforde-
rung das elende Gebein dieses verruchten Skeletts vor unsern
Augen klappern ließ. Er produzierte sich damit und sprach von
dem kommenden Tod, als sei er schon da, als schreite er drau-

ßen an Deck, als könnte er jeden Augenblick hereinkommen, um in der einzigen leeren Koje zu schlafen, als sitze er bei jeder Mahlzeit neben ihm. Er störte damit unsere Beschäftigung, unsere Muße, unser Vergnügen. Abends gab es keinen Gesang und keine Musik mehr, weil Jimmy (wir nannten ihn alle liebevoll Jimmy, um unsern Haß gegen seinen Spießgesellen zu verbergen), weil also Jimmy mit seinem ewigen Gerede von seinem baldigen Hinscheiden es fertiggebracht hatte, sogar Archies seelisches Gleichgewicht zu stören. Archie war der Besitzer der Ziehharmonika, aber nachdem ihm Jimmy deswegen ein paarmal bissig Vorwürfe gemacht hatte, weigerte er sich, weiterhin zu spielen. »Er ist ein unheimlicher Kerl. Ich weiß nicht, was mit ihm los ist, aber etwas ist da sehr faul mit ihm, sehr faul. Braucht mich nicht weiter zu fragen. Ich will nicht spielen.« Unsere Sänger verstummten, weil Jimmy ein sterbender Mann war. Aus demselben Grunde konnte keiner der Leute – wie Knowles bemerkte – »einen Nagel einschlagen, um seine armseligen Plünnen daran aufzuhängen«, ohne daß man ihm die Ungeheuerlichkeit vor Augen führte, wie sehr er damit Jimmys endlose letzte Augenblicke störte. Nachts wurden die Wachen nicht mehr mit lautem Gebrüll und »Reise! Reise! Kommt hoch! Ein Glas! Habt ihr gehört! He! He! He! Lüft' das Gatje!« aus dem Schlaf geholt, sondern einzeln Mann für Mann flüsternd geweckt, um ja nicht den vielleicht letzten Schlummer Jimmys auf Erden zu stören. Wahrhaftig, er war stets wach und kriegte es fertig, wenn wir uns an Deck hinausschlichen, irgendeine bissige Bemerkung nachzurufen, so daß wir uns zunächst wie Rohlinge vorkamen und hinterher wie halbe Narren. Wir sprachen im Logis mit leiser Stimme, wie in der Kirche, und aßen unsere Mahlzeiten schweigend und in ehrfürchtiger Scheu, denn Jimmy war sehr kritisch mit seinem Essen und schimpfte verbittert auf das Salzfleisch, auf die Biskuits und den Tee, die er allesamt als völlig ungeeignet für den menschlichen Verzehr ansah – »und schon gar für einen im Sterben liegenden Menschen!« Dann pflegte er zu sagen: »Könnt ihr kein besseres Stück Fleisch für einen kranken Mann finden, der gern nach Hause möchte, um sich kurieren oder begraben zu lassen? Aber was – wenn's nach euch ginge, ihr würdet mich glatt umbringen – vergiften! Da, seht euch bloß an, was ihr mir gegeben habt!« Wir bedienten ihn in seinem Bett mit demütiger Wut, als wären wir die servilen Höflinge eines verhaßten Fürsten, und er belohnte uns dafür mit seiner unversöhnlichen Kritik. Er hatte das Geheimnis entdeckt, sich die Schwäche der Menschen für immer zunutze zu machen. Er kannte das Geheimnis des Lebens, dieser verwünschte todkranke Mann, und warf sich zum Herrn über jeden Augenblick unseres Daseins auf. Wir wurden immer verzweifelter und blieben unterwürfig. Der leicht erregbare kleine Belfast war ewig am Rande einer Schlägerei oder den Tränen nahe. Eines Abends gestand er Archie: »Für einen halben Penny würde ich ihm seinen häßlichen schwarzen Schädel einschlagen – dem feigen Schwindler!« Und der ehrliche Archie gab vor, entrüstet zu sein! In einem solch höllischen Bann hielt dieser hergelaufene Nigger unsere arglose Mannschaft! In der gleichen Nacht aber stahl Belfast aus der Kombüse den Sonntagskuchen für die Offiziere, um Jimmys wählerischen Appetit anzuregen. Damit brachte er nicht nur seine alte Freundschaft mit dem Koch in große Gefahr, sondern auch – wie es schien – sein ewiges Seelenheil. Der Koch war gramgebeugt. Er kannte den Schuldigen nicht, er sah nur, daß die Gottlosigkeit blühte, daß der Satan unter diesen Leuten umging, die er irgendwie als unter seiner geistigen Obhut stehend betrachtete. Wann auch immer er drei oder vier von uns zusammenstehen sah, ließ er seinen Herd im Stich, stürzte heraus und begann zu predigen. Wir flohen vor ihm; nur Charley, der den Dieb kannte, stellte sich dem Koch mit offenem

Blick, was den guten Mann noch mehr erzürnte. »Du bist's, glaube ich«, stöhnte er bekümmert mit einem Rußfleck am Kinn, »du bist's, du Höllenbraten! Deine Socken kommen mir nicht mehr in die Kombüse.« Bald darauf wurde die inoffizielle Nachricht verbreitet, daß uns die Marmelade gekürzt würde (wir bekamen eine Extraration von einem halben Pfund je Kopf), falls nochmals ein Diebstahl vorkommen sollte. Der Erste hörte auf, seine Günstlinge mit Beschimpfungen herunterzumachen, und brummte uns alle mißtrauisch an. Die kalten Augen des Kapitäns, hoch oben auf der Poop, glitzerten argwöhnisch, wenn er uns dabei beobachtete, wie wir allabendlich zum üblichen Strecken des Tauwerks in kleinen Trupps von den Fallen an die Brassen zogen. Solche Diebstähle auf einem Handelsschiff sind schwer zu überprüfen und können leicht als eine Mißtrauenskundgebung der Mannschaft gegenüber den Offizieren angesehen werden. Sie sind ein schlechtes Zeichen und können zu weiß Gott welchen Schwierigkeiten führen. Die *Narzissus* war immer noch ein friedliches Schiff, doch das gegenseitige Vertrauen war erschüttert. Donkin verbarg nicht seine Freude darüber. Wir waren erschrocken.

Dann machte Belfast – unlogisch wie immer – dem Nigger schwere Vorwürfe. James Wart hatte den Ellbogen auf das Kissen gestützt, würgte und rang nach Luft: »Hab' ich dich gebeten, das verfluchte Ding zu klauen? Der Teufel hol deinen verdammten Kuchen. Davon ist mir nur noch schlechter geworden, du kleiner irischer Idiot, du!« Mit einem puterroten Gesicht und zitternden Lippen stürzte sich Belfast auf ihn. Alle Mann im Logis sprangen auf und schrien durcheinander – einen Augenblick lang herrschte ein wüster Tumult. Irgend jemand rief eindringlich: »Sachte, Belfast! Sachte…« Wir dachten, Belfast würde den Nigger ohne weiteres erwürgen. Staub wirbelte hoch, und wir hörten den metallisch wie ein Gong klingenden explosiven Husten des Niggers. Im nächsten

Augenblick sahen wir, wie sich Belfast über ihn beugte. Traurig sagte er: »Nicht! Jimmy, sei nicht so! Ein Engel würde sich das nicht gefallen lassen – krank wie du bist.« Er stand bei Jimmys Koje und blickte sich mit Tränen in den Augen und zuckendem Mund nach uns um; dann versuchte er die zerknüllten Decken glattzustreichen. Das unaufhörliche Flüstern der See war im Logis zu vernehmen. War James Wart erschrocken oder gerührt oder bereute er? Er lag auf dem Rücken, die Hände an der Seite und so regungslos, als wäre sein längsterwarteter Besucher endlich gekommen. Belfast fummelte an seinen Füßen herum und wiederholte gerührt: »Ja, wir wissen's, dir geht's schlecht, aber ... nun sag' doch, was du willst, und ... Wir wissen alle, daß es dir schlecht geht – sehr schlecht! ...« Nein! Ganz entschieden war James Wart weder gerührt noch reumütig. Um die Wahrheit zu sagen, er schien sehr bestürzt zu sein. Mit unglaublicher Behendheit setzte er sich plötzlich auf. »Ah, ihr glaubt, mir geht's schlecht, ja?« sagte er verdrießlich in seinem schönsten Bariton (wenn man ihn manchmal sprechen hörte, würde man nicht denken, daß irgend etwas mit ihm nicht in Ordnung sein könnte). »Ihr glaubt das, ja? Dann handelt auch danach! Einige von euch haben nicht mal so viel Verstand, um eine Decke, so wie es sich gehört, über einen Kranken auszubreiten. Da! Laß' nach! Sterben kann ich auch so!« Belfast wandte sich entmutigt mit einer kraftlosen Geste ab. In die Stille des Logis, die voller Spannung war, platzte Donkin mit dem Ausruf: »Also jetzt soll mich der Teufel holen!« und kicherte. Wart sah ihn an – ganz freundlich. Niemand konnte sagen, was unserm unberechenbaren Kranken recht war: aber für uns war dieses verächtliche Kichern beinah unerträglich. Donkin nahm im Logis eine Sonderstellung ein, die gefährlich war: er war allgemein unbeliebt. Man kümmerte sich nicht um ihn, und in seiner Isolierung hatte er nichts weiter zu tun, als an das stürmische Wetter beim Kap der Guten Hoffnung zu denken und uns um den Besitz von warmen Sachen und Ölzeug zu beneiden. Unsere Seestiefel, unsere Ölmäntel, unsere wohlgefüllten Seekisten gaben ihm genug Anlaß zu bitteren Betrachtungen. Er hatte nichts davon und fühlte instinktiv, daß im Notfall keiner seine Sachen mit ihm teilen würde. Er war uns gegenüber schamlos kriecherisch und benahm sich grundsätzlich unverschämt gegen die Offiziere. Er versprach sich von diesem Benehmen die besten Erfolge – und irrte sich darin. Solche Naturen vergessen, daß die Allgemeinheit unter diesen Umständen, bewußt oder unbewußt, ein gerechtes Urteil fällt. Donkins Unverschämtheiten gegen den langmütigen Herrn Baker wurden uns schließlich unerträglich, und wir freuten uns, als ihm der Erste eines Nachts in der Finsternis einen Denkzettel verabreichte. Das geschah ohne viel Geräusch, sehr elegant und dezent. Wir wurden kurz vor Mitternacht an die Brassen geholt, um die Rahen zu trimmen, als Donkin – wie üblich – wieder seine beleidigenden Bemerkungen machte. Wir standen schläfrig in einer Reihe hintereinander, hielten die Fockbrasse in den Händen und warteten auf den nächsten Befehl, als wir in der Dunkelheit ein kurzes Scharren von Füßen hörten, dann einen überraschten Ausruf, dem ein Geräusch folgte, das nach Ohrfeigen und Schlägen klang, begleitet von einem halblaut geflüsterten: »Ah! Willst du wohl!« … »Nicht! Tun Sie es nicht!« … »Dann benimm' dich« … »Oh! Oh! …« Später hörten wir einen dumpfen Aufschlag und das Klirren von Eisenteilen, als ob sich jemand hilflos im Gestänge der Lenzpumpe überschlug. Ehe wir noch den wahren Sachverhalt erkennen konnten, war Bakers Stimme nahebei ein wenig ungeduldig zu hören: »Holt weg, Leute! Fallt da mal kräftig ein!« Was wir dann auch mit größter Bereitwilligkeit taten. Als wäre nichts geschehen, fuhr der Erste in seiner gewohnten gründlichen Art fort, die Rahen zu trimmen. Von Donkin war in dem Augenblick nichts zu sehen, und wir kümmerten uns auch nicht darum. Hätte der Erste ihn über Bord geworfen, dann hätte keiner von uns auch nur »Hallo! Weg ist er!« gesagt. In der Tat war nichts sehr Schlimmes geschehen – wenn auch Donkin einen seiner Vorderzähne verloren hatte. Wir bemerkten das erst am nächsten Morgen und übergingen es mit feierlichem Schweigen: die guten Sitten des Logis verlangten in einem solchen Falle, daß wir uns blind und taub stellten; und wir hielten uns an unsere Anstandsregeln viel strenger, als es die Leute an Land gewöhnlich tun. Nur Charley platzte in unverzeihlichem Mangel an savoir vivre mit der Frage heraus: »Bei deinem Zahnarzt gewesen, ja? Hat er dir weh getan?« Von einem seiner besten Freunde bekam er dafür eins an die Ohren. Darauf war der Junge so überrascht, daß er die nächsten drei Stunden gramversunken dasaß. Er tat uns leid, aber Jugend braucht die Disziplin nötiger als das Alter. Donkin grinste giftig und wurde von dem Tage an unbarmherzig, nannte Jimmy einen »schwarzen Betrüger« und gab uns zu verstehen, daß wir ein Haufen Schwachsinniger seien, der sich tagtäglich von einem gewöhnlichen Nigger hereinlegen ließ. Und Jimmy schien den Kerl gern zu haben!

Unberührt von menschlichen Gefühlsausbrüchen lebte Singleton dahin. Wortkarg und ohne ein Lächeln atmete er mit uns die gleiche Luft – das war aber auch alles, was ihn mit uns verband. Wir versuchten, anständige Kerle zu sein, und fanden es recht schwer; hilflos pendelten wir zwischen dem Wunsch, großmütig zu sein, und der Furcht, uns lächerlich zu machen, hin und her. Wir wollten uns vor jeder Gewissensqual schützen, aber auch nicht zum Spielball unserer Gefühle werden. Jimmys verhaßter Komplize schien mit seinem unreinen Atem ungeahnte Spitzfindigkeiten in unsere Herzen zu hauchen. Wir waren verwirrt und feige. Das wußten wir. Singleton hingegen schien von nichts zu wissen, nichts zu begreifen. Bisher hatten wir ihn, seinem Aussehen entsprechend, für weise gehalten; doch nun wagten wir zuweilen schon, ihn für einfältig infolge seines hohen Alters zu halten. Wie dem auch sei, eines Tages, als wir mittags alle auf unseren Seekisten um eine große Blechback saßen, die zu unseren Füßen an Deck stand, da äußerte Jimmy seinen grenzenlosen Ekel vor den Menschen und Dingen in besonders abscheulichen Worten. Singleton hob den Kopf. Wir alle verstummten. Der alte Mann wandte sich Jimmy zu und fragte: »Bist du am Sterben?« Diese Frage schien James Wart völlig aus der Fassung zu bringen. Wir alle waren bestürzt und saßen mit offenem Mund, pochendem Herzen und halbabgewandten Augen da. Eine Blechgabel klapperte in die Schüssel. Einer von uns erhob sich, als wolle er hinausgehen, und blieb stehen. In weniger als einer Minute hatte sich Jimmy wieder zusammengerissen: »Warum, kannst du das denn nicht sehen?« antwortete er mit schwacher Stimme. Singleton führte ein Stück seines eingeweichten Biskuits zum Munde (seine Zähne – erklärte er oft – »seien jetzt stumpf geworden«) und sagte mit ehrfurchtgebietender Sanftmut: »Gut, dann mach zu mit deinem Sterben und mach nicht so viel Getue darum. Wir können dir nicht helfen.« Jimmy sank in seine Koje zurück und lag eine Zeitlang ganz still, wobei er sich den Schweiß aus dem Gesicht wischte. Das Eßgeschirr wurde rasch weggeräumt. Flüsternd besprachen wir den Vorfall an Deck. Einige triumphierten stillvergnügt, andere blickten ernst drein. Wamibo, der lange verträumt vor sich hingestarrt hatte, zeigte ein mißglücktes Lächeln, und einer der jungen Skandinavier, den der Zweifel sehr plagte, wagte sich während der zweiten Abendwache an Singleton heran (der alte Mann ermutigte uns nicht sehr, mit ihm zu sprechen) und fragte einfältig: »Du meinst, daß er sterben wird?« Singleton sah auf und sagte bedächtig: »Warum, natürlich stirbt er.« Das schien entscheidend. Und der das Orakel befragt hatte, gab es unverzüglich an alle weiter. Scheu und ängstlich trat er mit abgewand-

57

tem Gesicht auf einen zu und sagte seinen Spruch auf: »Der alte Singleton sagt, er wird sterben.« Es war eine Erlösung! Endlich wußten wir, daß unser Mitleid nicht falsch angebracht war und wir wieder unbefangen lächeln konnten – doch wir hatten nicht mit Donkin gerechnet. Er wollte mit »dem dreckigen Ausländer nichts zu schaffen haben«. Als Nilsen mit der Neuigkeit zu ihm kam: »Singleton sagt, er wird sterben«, da antwortete er gehässig: »Und das wirst du auch, du – du Schafskopf. Wollt', ihr Kerle wärt alle tot – anstatt hierherzukommen und unser Geld in euer verhungertes Land zu bringen.« Wir waren entsetzt, denn wir spürten, daß Singletons Antwort letzten Endes nichts besagte. Wir begannen ihn zu hassen dafür, daß er uns zum besten hatte. All unsere Sicherheit war dahin; unser Verhältnis zu den Offizieren war sehr fragwürdig; der Koch hatte uns aufgegeben; vom Bootsmann war uns zu Ohren gekommen, daß er uns für »einen Haufen Waschlappen« hielt. Wir mißtrauten Jimmy, keiner traute dem andern und nicht einmal sich selbst. Wir wußten nicht mehr aus und ein. Zu jeder Stunde unseres einförmigen Lebens versperrte uns Jimmy anmaßend unsern Weg, Arm in Arm mit seinem verschleierten Vertrauten. Es war eine unheimliche Knechtschaft.

Eine Woche nach der Ausfahrt von Bombay fing es an; es überkam uns ganz heimlich, wie jedes große Unglück. Wir alle hatten vom ersten Augenblick an bemerkt, daß Jimmy sehr schlapp bei der Arbeit war, aber wir hielten das lediglich für eine Folge seiner Lebensphilosophie. Donkin sagte zu ihm: »Dich merkt man beim Pullen nicht mehr als einen elenden Spatzen.« Er verachtete ihn. Streitlustig und herausfordernd rief Belfast dazwischen: »Du bringst dich schon gar nicht um, alter Freund!« – »Und du vielleicht?« erwiderte Donkin mit größter Verachtung – und Belfast zog sich zurück. Eines Morgens, als wir beim Deckwaschen waren, rief der Erste: »Komm mit deinem Besen hierher, Wart.« Der Neger schleppte sich mühsam hin. »Beweg' dich! Ouch!« brummte Herr Baker. »Was ist mit deinen Achterflossen los?« Jim blieb auf der Stelle stehen. Erstaunt blickte er um sich, und mit einem Ausdruck, der dreist und bekümmert war, gab er zur Antwort: »Es sind nicht meine Beine – meine Lungen sind es.« Alles lauschte. »Was … Ouch! … Was ist los damit?« forschte der Erste. Die ganze Wache stand mit Besen oder Pützen in den Händen grinsend auf dem nassen Deck herum. Traurig kam die Antwort: »Zu Ende geht's – oder's ist schon aus. Sehen Sie nicht, daß ich sterbenskrank bin? Ich weiß es!« Der Erste war empört. »Warum, zum Teufel, bist du dann hier an Bord gekommen?« – »Ich muß doch leben, bis ich sterbe – oder nicht?« antwortete er. Das Grinsen wurde hörbar. »Verschwinde von Deck – geh mir aus den Augen«, sagte Baker, völlig verwirrt durch dieses außergewöhnliche Erlebnis. Gehorsam ließ James Wart seinen Besen fallen und ging langsam nach vorne. Eine Lachsalve folgte ihm nach. Es war zu komisch. Alle Mann lachten … Sie lachten … Leider!

Er wurde unser ewiger Peiniger, schlimmer als ein Alpdruck. Man konnte nicht sehen, daß ihm irgend etwas fehlte: ein Neger zeigt es nicht. Er war nicht sehr dick, gewiß – aber doch auch nicht magerer als andere Neger, die wir kannten. Er hustete oft, aber selbst der voreingenommenste Beobachter hätte erkennen können, daß er es meistens dann tat, wenn es ihm paßte. Er wollte oder konnte seine Arbeit nicht tun – aber er wollte sich auch nicht hinlegen. Mal nahm er es mit jedem in der Takelage auf – dann wieder mutete er uns zu, daß wir unser Leben riskierten, um seinen schwachen Körper wieder heil herunterzubringen. Er wurde gemeldet, ausgefragt und bekam Vorwürfe zu hören. Er wurde bedroht, es wurde ihm gut zugeredet, man las ihm die Leviten, schließlich wurde er nach achtern zum Kapitän gerufen. Wilde Gerüchte liefen um.

Es wurde erzählt, er sei dem Alten frech gekommen; andere sagten, er habe ihn eingeschüchtert. Charley blieb dabei, daß der »Kapitän ihm weinend seinen Segen und einen Pott Marmelade gegeben habe«, Knowles hatte vom Steward erfahren, daß dieser unglaubliche Jimmy in der Kajüte gegen die Möbel getaumelt sei, daß er gestöhnt und sich über die brutale Behandlung und das allgemeine Mißtrauen beschwert habe. Zu guter Letzt habe er sich über die meteorologischen Tagebücher des Alten ausgehustet, die auf dem Tisch lagen. Auf jeden Fall kam er zusammen mit dem Steward, der ihn stützte, wieder nach vorne. »Hier, da habt ihr ihn, halt ihn einer fest«, sagte der Steward mit schmerzerfüllter Stimme entrüstet zu uns. »Er soll sich hinlegen.« Jimmy trank eine Blechmug voll Kaffee, und nachdem er noch den einen oder andern von uns drangsaliert hatte, legte er sich hin. Er blieb dann die meiste Zeit in der Koje liegen, aber wenn es ihm paßte, kam er an Deck und tauchte plötzlich unter uns auf. Er sah uns verächtlich zu und schien etwas auszubrüten, wenn er nach vorne über die See hinwegblickte. Und niemand hätte sagen können, was es mit dem Schwarzen auf sich hatte, der dort allein in Gedanken versunken saß, regungslos wie aus Holz geschnitzt.

Standhaft weigerte er sich, irgendwelche Medikamente einzunehmen. Seinen Sago- und Hafergrützenbrei warf er über Bord, bis der Steward es müde wurde, sie ihm weiter zu bringen. Er verlangte Opiumtinktur. Man brachte ihm eine große Flasche, genug, um ein Heer von Kindern damit zu vergiften. Er verwahrte sie zwischen seiner Matratze und der Holzverschalung der Bordwand, aber niemand sah ihn jemals etwas davon einnehmen. Donkin schleuderte ihm Schimpfworte ins Gesicht, machte sich über ihn lustig, wenn er nach Luft schnappte; aber am selben Tage lieh Wart ihm einen warmen Wollsweater. Einmal beschimpfte ihn Donkin eine halbe Stunde lang und hielt ihm vor, wieviel zusätzliche Arbeit sein

Simulieren der Wache aufbürde, und nannte ihn schließlich »ein schwarzhäutiges Schwein«. Uns packte das Entsetzen, so standen wir im Bann unserer verwünschten Verdrehtheit. Tatsächlich aber schien sich Jimmy an diesen Schmähungen zu ergötzen. Er wurde zusehends heiterer, und Donkin bekam von ihm ein Paar alte Seestiefel zugeworfen. »Da, du alter Gauner, die kannst du behalten.«

Schließlich sah sich der Erste Offizier genötigt, dem Kapitän mitzuteilen, daß James Wart den Frieden an Bord gefährde. »Untergräbt die ganze Disziplin – tut er, ouch«, brummte er. Tatsächlich war die Steuerbordwache nahe daran, den Gehorsam zu verweigern, als ihr eines Morgens vom Bootsmann aufgetragen wurde, das Logis zu waschen. Anscheinend war Jimmy dagegen, daß das Deck naß wurde – und wir waren an diesem Morgen gerade in mitleidiger Stimmung. Wir hielten den Bootsmann für einen Rohling und sagten ihm das auch eindeutig. Daß es nicht zu einer allgemeinen Schlägerei kam, war nur Bakers Fingerspitzengefühl zu verdanken; er nahm uns einfach nicht ernst. Schnaubend kam er nach vorne und beschimpfte uns ziemlich derb, aber in einer so herzlichen und seemännischen Art, daß wir uns vor uns selbst zu schämen begannen. Wir hielten ihn wirklich für einen viel zu guten Seemann, um ihn absichtlich ärgern zu können. Und schließlich war Jimmy vielleicht doch ein Schwindler – wahrscheinlich sogar! Das Logis wurde an diesem Morgen reingemacht; aber nachmittags wurde im Deckshaus ein Lazarett eingerichtet. Es war eine hübsche kleine Kammer mit zwei Kojen und einem Ausgang nach Deck. Jimmys Sachen wurden hineingeschafft und dann – trotz seines Protestes – Jimmy selbst. Er sagte, er könne nicht gehen, worauf ihn vier Mann auf einer Decke hintrugen. Er beklagte sich, daß er dort allein, wie ein Hund sterben müsse. Wir grämten uns um ihn, waren aber doch froh, daß wir ihn aus dem Logis heraus hatten. Die Kombüse war nebenan, und der Koch sah tagsüber oft zu ihm herein. Warts Laune besserte sich. Knowles behauptete, er habe ihn eines Tages lautschallend vor sich hin lachen hören. Andere hatten ihn nachts an Deck herumlaufen sehen. Seine kleine Kammer, deren übergehakte Tür einen Spalt offenstand, war immer voll Tabaksqualm. Durch den Türspalt unterhielten wir uns mit ihm freundlich und manchmal auch vorwurfsvoll, wenn wir bei der Arbeit waren. Wir waren wie behext von ihm. Er ließ uns keinen Zweifel darüber, daß er sterben müsse. Das überschattete das ganze Schiff. Durch die Aussicht auf seine baldige Auflösung selbst unangreifbar geworden, trat er unsere Selbstachtung mit Füßen, führte er uns täglich unsern Mangel an Mut vor Augen und verpestete so unser Leben. Wären wir eine elende Horde ruheloser, jeder Hoffnung und Furcht barer jämmerlicher Geister gewesen, er hätte sich nicht unbarmherziger kraft seines außergewöhnlichen Vorrechts zum Herrn über uns aufspielen können.

III

Mittlerweile hatte die *Narzissus* mit vierkant gebraßten Rahen den Monsun hinter sich gelassen. Ein paar Tage lang trieb sie langsam in einer Flaute bei umlaufenden schwachen Winden. In den kurzen warmen Regenschauern braßten die Leute murrend die schweren Rahen hin und her. Mit Ächzen und Stöhnen pullten sie an dem durchnäßten Tauwerk, während die Offiziere regentriefend und verdrossen sie unaufhörlich mit müder Stimme umherjagten. In den Ruhepausen betrachteten sie mit Widerwillen die schmerzenden Handflächen ihrer steifen Hände und fragten einander bitter: »Wer möchte Seemann sein, wenn er Bauer werden könnte?« Alle waren schlechter Laune und schimpften. In einer stockdunklen Nacht, als die Wache keuchend vor Hitze und halbersäuft vom Regen vier mörderische Stunden lang von Brasse zu Brasse gejagt worden war, erklärte Belfast, er werde jetzt die Seefahrt endgültig aufgeben und auf einen Dampfer gehen. Das war zweifellos übertrieben. Kapitän Allistoun sagte mit großer Selbstbeherrschung betrübt zum Ersten: »Gar nicht so schlecht, nicht schlecht!«, nachdem er sein gutes Schiff innerhalb von vierundzwanzig Stunden mit Ach und Krach gerade sechzig Seemeilen weiter gebracht hatte. Vor der Türschwelle seiner kleinen Kammer sah Jimmy überheblich, das Kinn in die Hand gestützt, unserer widerwärtigen Arbeit mit melancholischen Augen zu. Wir unterhielten uns freundlich mit ihm und blickten uns gegenseitig mit bitterem Lächeln an, wenn wir aus seiner Sichtweite waren.

Dann stürmte das Schiff wieder mit günstigem Wind und unter einem klaren Himmel den südlichen Breiten zu. Ohne Land auch nur flüchtig in Sicht zu bekommen, passierten wir Madagaskar und Mauritius. Die Reservespieren wurden nochmals besonders gelascht, die Lukenabdeckung wurde überholt, und der Steward bemühte sich in seinen freien Minuten mit besorgter Miene, die Waschborde in die Kajütstüren einzusetzen. Sturmsegel wurden sorgfältig untergeschlagen. Gespannte Blicke richteten sich nach dem Westen, dem Kap der Stürme zu. Das Schiff begann in einer südwestlichen Dünung zu stampfen, und der sanftleuchtende Himmel der niedrigen Breiten über uns nahm von Tag zu Tag einen härteren Glanz an: bleich schwang er hoch über dem Schiff hin und her, wie ein ungeheurer stählerner Dom, in dem die tiefe Stimme der aufkommenden Stürme widerhallte. Kalt glitzerte der Sonnenschein auf den weißen Kämmen der dunklen See. Unter den harten Böen aus dem Westen legte sich das mit verminderter Segelfläche dahinstürmende Schiff, nur widerwillig dem Druck nachgebend, langsam über. Es jagte vor dem Wind hin und her, in dem unablässigen Bemühen, den Weg durch die unsichtbare Gewalt der Winde zu finden: es stürzte dabei kopfüber in dunkle, stille Täler, kämpfte sich mühsam wieder hoch über die schneeweißen Kämme der hochlaufenden See hinweg und rollte unablässig von Seite zu Seite wie ein leidendes Wesen. Beharrlich und tapfer folgte es dem Willen der Menschen, und seine schlanken Masten und Rahen, die unablässig im Halbkreis hin und her schwangen, schienen vergebens zum stürmischen Himmel empor um Hilfe zu winken.

Am Kap herrschte damals ein strenger Winter. Die Rudersleute schlugen nach ihrer Ablösung die Arme umeinander oder liefen stampfend auf und ab und hauchten auf ihre rotgeschwollenen Finger. Die Wache an Deck verkroch sich in geschützte Winkel, um den überkommenden eiskalten Spritzern zu entgehen, und beobachtete niedergeschlagen die hohen unbarmherzigen Seen,

64

die immer wieder in unersättlicher Wut über das Schiff hereinbrachen. Das Wasser lief in Strömen über die Logistüren. Man
mußte sich durch einen Wasserfall kämpfen, um in sein feuch-
tes Bett zu kommen. Die Leute legten sich in nassem Zeug hin
und kamen steifgefroren wieder heraus, um den unbarmherzigen Anforderungen ihres glorreichen und dunklen Geschickes
den erlösenden Tribut zu zollen. Weit achtern, die Blicke aufmerksam nach Luv gerichtet, konnte man durch den Schleier
der Regenböen die Offiziere sehen. In ihren langen, glänzenden Ölmänteln standen sie dort hochaufgerichtet an der Luv-
reling und hielten sich krampfhaft fest. Wenn das schwer
arbeitende Schiff mit seinem Bug plötzlich in die See eintauchte, dann erschienen sie wie in die Luft geschleuderte leb-
lose Figuren hoch über der grauen Linie des bewölkten Horizonts.

Sie beobachteten das Wetter und ihr Schiff, wie die Menschen
an Land die folgenschweren Wechselfälle des Glücks wahrzunehmen versuchen. Kapitän Allistoun ging überhaupt nicht
mehr von Deck, als sei er ein Teil des Schiffes selbst. Ab und
zu tauchte der Steward, vor Kälte zitternd, aber stets in Hemdsärmeln, mit einer Tasse Kaffee vor ihm auf, die der Sturm be-
reits zur Hälfte geleert hatte, bevor sie die Lippen des Kapitäns
erreichte. Er trank, was übriggeblieben war, in einem langen
Schluck bedächtig aus, während das Spritzwasser laut auf seinen Ölmantel prasselte und das über Deck rauschende Wasser
sich an seinen Seestiefeln brach. Dabei wandte er keinen Augenblick seine Augen vom Schiff ab. Sein fester Blick war starr
auf die *Narzissus* gerichtet, wie ein Liebender die selbstlosen
Mühen einer zarten Frau beobachtet, die ihm alles bedeutet.
Wir alle beobachteten sie aufmerksam. Sie war prachtvoll, aber
sie hatte auch eine schwache Seite. Wir liebten sie deswegen
nicht weniger und bewunderten laut ihre Eigenschaften. Wir
prahlten damit voreinander, als seien es unsere eigenen Vor-

65

züge, und begruben das Wissen um ihren einzigen Fehler still-
schweigend in unserer tiefen Zuneigung.

An den Ufern des Clyde war sie unter einem grauen Himmel
in rauchgeschwärzter Luft beim donnernden Dröhnen der Niet-
hämmer geboren. Der lärmende, trübe Strom ist der Geburtsort
der Schönheiten, die im Sonnenschein unseres Erdballs dahin-
gleiten, um von Männern geliebt zu werden. Die *Narzissus*
war eines dieser vollkommenen Geschöpfe. Vielleicht weniger
vollkommen als viele andere, doch sie gehörte uns und war
daher unvergleichlich. Wir waren stolz auf sie. In Bombay
hatten unwissende Landratten von ihr als einem »hübschen
grauen Schiff« gesprochen. »Hübsch!« Ein armseliges Lob! Wir
wußten, sie war das prächtigste Seeschiff, das je von Stapel lief.
Und wir suchten zu vergessen, daß sie, wie viele tüchtige See-
schiffe, zuweilen ziemlich rank war. Sie stellte hohe Anforderungen und verlangte vorsichtig beladen und vorsichtig behandelt zu werden. Niemand wußte genau, wieviel Vorsicht
ausreichend war, denn sie war an Unvollkommenheiten allen
Menschen gleich. Sie kannte die anmaßende Dummheit der
Menschen und strafte sie mit der heilsamen Zuchtrute der
Furcht. Wir hatten unheilvolle Geschichten von ihren früheren
Reisen gehört. Wenn dem Koch, der allerdings nur dem Namen
nach, in Wirklichkeit aber gar kein Seemann war, irgendein
Mißgeschick passierte, etwa daß ihm ein Kochtopf über Stag
ging, dann pflegte er, während er den Boden aufwischte, trüb-
sinnig vor sich hin zu murmeln: »Da! Seht mal, was sie wieder
angerichtet hat! Eines Tages wird sie noch alle Mann ersäufen!
Ihr werdet sehen, daß sie's tut.« Worauf der Steward, der sich
von seinem geplagten Dasein einen Augenblick in der Kombüse verpustete, die philosophische Antwort gab: »Die das sehen, werden jedenfalls nichts mehr sagen, und ich will es gar
nicht sehen.« Wir verlachten diese Ängste. Unsere Herzen flogen
dem Kapitän draußen zu, wenn er die *Narzissus* hart preßte, um

die Höhe zu halten, wenn er um jeden Zoll Luv kämpfte oder wenn er sie unter gerefften Segeln gegen die gewaltige See knüppelte. Wenn bei Wachwechsel im schlechten Wetter von achtern das Kommando kam: »Wache klar!«, dann standen die Leute dicht gedrängt auf dem Achterschiff bereit und bewunderten ihr wackeres Schiff. Mit halb zugekniffenen Augen blickten sie in den Wind, und über ihre gebräunten Gesichter lief das Wasser, das salziger und bitterer war als menschliche Tränen und ihre wie Seegras triefenden Bärte durchnäßte. Sie boten einen phantastischen Anblick: in ihren hohen Seestiefeln, ihren helmartigen Südwestern und ihrem unförmigen, glänzenden Ölzeug schwankten sie schwerfällig über Deck, wie Männer, die in einer seltsamen Ausrüstung für ein sagenhaftes Abenteuer stecken. Wann immer die *Narzissus* leichtbeschwingt über eine turmhohe, grüne See hinwegglitt, stießen sie sich gegenseitig die Ellbogen in die Rippen und murmelten mit verklärten Gesichtern: »Hat sie das nicht fabelhaft gemacht?« Und mit höhnischem Grinsen sahen sie alle dem bezwungenen Wellenberg nach, der brüllend leewärts abzog, weißschäumend vor ungeheurer Wut. War sie jedoch einmal nicht schnell genug, und die See traf das Schiff so schwer, daß es sich unter der Wucht des Schlages zitternd auf die Seite legte, dann klammerten wir uns krampfhaft an den nächsten Tampen. Und wenn wir dann nach oben blickten und die paar durchnäßten, bis zum äußersten beanspruchten Segel sahen, die verzweifelt hin und her schlugen, dann dachten wir insgeheim: ›Kein Wunder! Armes Ding!‹

Der zweiunddreißigste Tag nach der Ausfahrt von Bombay fing schon unheildrohend an. Am frühen Morgen wurde eine der Kombüsentüren von der See eingeschlagen. Wir stürzten uns durch einen Haufen Dampf in die Kombüse und fanden den Koch völlig durchnäßt und entrüstet über das Schiff: »Sie wird von Tag zu Tag schlimmer. Jetzt versucht sie schon, mich vor meinem eigenen Herd zu ertränken!« Er war sehr erregt. Wir beschwichtigten ihn, und der Zimmermann brachte es fertig, die Tür wieder zu reparieren, obwohl er dabei zweimal von der See weggewaschen wurde. Unser Mittagessen wurde durch diesen Zwischenfall erst spät fertig, doch das machte schließlich nichts aus, denn Knowles, der es holen wollte, wurde von einer überkommenden See erwischt, und das Essen ging über Bord. Kapitän Allistoun, der angestrengter und schmallippiger aussah denn je, ließ alle Marssegel und die Fock stehen und wollte es nicht wahrhaben, daß er damit dem Schiff zuviel zumutete. Die *Narzissus* schien zum ersten Male, seit wir sie kannten, den Mut zu verlieren. Sie wollte sich nicht wieder aufrichten und bahnte sich mühsam ihren Weg durch die See. Zweimal steckte sie dabei – als ob sie blind oder lebensmüde sei – bedächtig die Nase in eine hohe See, die sich von vorne bis achtern über das ganze Deck ergoß. Während wir alle im Wasser herumpaddelten, um eine leere Waschbalge zu bergen, bemerkte der Bootsmann sichtlich verstört: »Heute nachmittag geht ja wohl noch alles über Bord!« Der ehrwürdige Singleton brach sein gewohntes Schweigen und sagte mit einem Blick nach oben: »Der Alte ist wütend über das Wetter, aber es ist nicht gut, sich über die Winde des Himmels zu ärgern.« Jimmy hatte natürlich seine Tür geschlossen. Wir wußten, daß er es in seiner kleinen Kammer trocken und gemütlich hatte, und in unserer törichten Art waren wir einen Augenblick lang froh darüber – dann wieder erbitterte uns diese Gewißheit. Donkin drückte sich schamlos von der Arbeit; er fühlte sich unbehaglich und elend. »Ich komm' in meinen nassen Plünnen bald um vor Kälte«, jammerte er, »und dieser schwarze Schmarotzer sitzt hoch und trocken auf seiner verdammten Seekiste voll Zeug, verfluchte schwarze Hundeseele!« Wir beachteten ihn nicht und verschwendeten auch keinen Gedanken an Jimmy und seinen Busenfreund. Für unnütze Gefühlsregungen war jetzt keine Zeit. Segel flogen aus den Lieken. Alles mögliche riß sich los. Während wir die Schäden zu reparieren versuchten, wurden wir, völlig durchnäßt und durchfroren, von der See an Deck hin und her gerissen. Das Schiff wurde furchtbar umhergeschleudert und geschüttelt, wie ein Spielzeug in der Hand eines Verrückten. Es war genau bei Sonnenuntergang, als wir mit größter Anstrengung versuchten, vor einer drohend aufkommenden dunklen Hagelbö Segel zu kürzen. Der harte Windstoß traf uns wie ein brutaler Faustschlag. Das noch rechtzeitig von seiner Segellast befreite Schiff wehrte sich beherzt: widerstrebend gab es dem heftigen Ansturm nach; richtete sich dann aber mit einer kraftvollen, unwiderstehlichen Bewegung wieder auf und streckte seine Masten nach Luv direkt in den heulenden Wind. Aus dem abgründigen Dunkel der schwarzen Wolke über uns strömte weißer Hagel auf das Schiff nieder. Wie ein Schauer glänzender, runder Perlen ergoß er sich über die Takelage, prallte Handvoll um Handvoll von den Rahen ab und prasselte in dem finsteren Aufruhr an Deck. Dann zog die Bö weiter. Einen Augenblick lang ließ die fahle Sonne ihre letzten trüben Strahlen fast waagerecht zwischen die Hügel der steilen, wogenden See hingleiten. Dann brach eine wilde Nacht über uns herein, die den kläglichen Rest dieses trüben Sturmtages mit einem ungeheuren Gebrüll auslöschte.

In dieser Nacht schlief niemand an Bord. Die meisten Seeleute erinnerten sich an ein oder zwei solcher Nächte in ihrem Leben. Nichts scheint auf dem Höhepunkt eines solchen Orkans vom Weltall übriggeblieben zu sein als Finsternis, Tumult, Raserei und – das Schiff. Als letzter Überrest der vernichteten Schöpfung treibt es mit dem gepeinigten Rest der sündigen Menschheit an Bord durch den qualvollen Aufruhr einer Rache übenden, schmerzlichen Schreckensherrschaft.

Keiner schlief im Logis. Die an einem langen Draht hängende blecherne Petroleumlampe schwang räuchernd in weitem Bogen von einer Seite zur andern. Dunkle Haufen nassen Zeugs lagen auf dem vor Nässe glänzenden Fußboden, über den eine dünne Schicht Wassers hin und her flutete. Die Leute lagen in Seestiefeln, auf ihre Ellbogen gestützt, mit offenen Augen in den Kojen. Das aufgehängte Ölzeug schwang lebhaft und beunruhigend, wie im Sturm tanzende Geister enthaupteter Seeleute, hin und her. Niemand sprach, alle lauschten. Draußen mischten sich die stöhnenden und schluchzenden Stimmen der Nacht mit einem anhaltenden lauten Beben, das wie der ferne Wirbel zahlloser Trommeln klang. Schreie zerrissen die Luft. Gewaltige dumpfe Schläge ließen das Schiff erzittern, während es sich unter der Last der Sturzseen wälzte, die über das Deck hereinbrachen. Zuweilen hob es sich sanft in die Höhe, als wollte es die Erde für immer verlassen. Dann wieder fiel es endlos dünkende Augenblicke lang durch den leeren Raum, daß alle Herzen an Bord stillstanden, bis der längst erwartete jähe Stoß sie mit einem kräftigen Schlag wieder in Gang brachte. Nach jedem erschütternden Schlag, der das Schiff traf, stöhnte Wamibo, der langausgestreckt mit dem Gesicht auf dem Kissen lag, leise vor Schmerz über sein gequältes Dasein auf. Ab und zu, wenn der schreckliche Aufruhr noch schlimmer wurde, blieb das Schiff den Bruchteil einer Sekunde lang auf der Seite liegen, zitternd und lautlos, mit einer Ruhe, die schrecklicher war als die wildeste Bewegung. Ein Beben ängstlicher Erwartung ging durch die hingestreckten Körper. Ängstlich steckte einer der Leute seinen Kopf aus der Koje und blickte in dem schwankenden Lichtschein wild um sich. Andere bewegten kaum merklich ihre Beine, als wollten sie jeden Augenblick herausspringen. Viele aber lagen regungslos auf dem Rücken und hielten die Kante der Koje fest mit einer Hand umklammert. Sie rauchten erregt in hastigen Zügen und starrten zur Decke, unbewegt im heftigen Verlangen nach Frieden. Um Mitternacht kam der Befehl, die Vor- und Kreuzmarssegel festzumachen. Es kostete die Leute ungeheure Anstrengung, nach oben zu kommen. Sie wurden erbarmungslos umhergestoßen, brachten es aber fertig, die Segel zu bergen, und kamen völlig erschöpft wieder an Deck, wo sie keuchend den grausamen Ansturm der See über sich ergehen lassen mußten. Vielleicht zum erstenmal in der Geschichte der Handelsschiffahrt verließ die Wache nach der Ablösung nicht das Deck – als würde sie dort durch eine bösartige magische Gewalt festgehalten. Bei jeder schweren Bö drängten sich die Männer zusammen und raunten einander zu: »Härter kann es nicht mehr wehen« – und augenblicklich strafte sie der Sturm Lügen, indem er so durchdringend aufheulte, daß ihnen der Atem stockte. Eine heftige Bö schien endlich die dicke Masse dunkler Nebel zu vertreiben. Über den Wolkenfetzen war für flüchtige Augenblicke der Mond zu sehen, wie er in furchterregender Hast am Himmel zurückfloh, genau dem Wind entgegen. Viele ließen die Köpfe hängen und murmelten, daß ihnen dieser Anblick »das Innere nach außen kehre«. Bald bedeckten die Wolken wieder den ganzen Himmel, und die Welt wurde abermals zur blindwütigen, heulenden Finsternis, aus der Hagel und salzige Schauer über das einsame Schiff hinwegfegten.

Gegen halb acht verwandelte sich die pechschwarze Finsternis um uns in ein gespenstisches Grau, und wir wußten, daß die Sonne aufgegangen war. Dieses unnatürliche, drohende Tageslicht, in dem wir gegenseitig unsere stieren Augen und verzerrten Gesichter erkennen konnten, stellte unsere Ausdauer auf eine weitere harte Probe. Der Horizont schien von allen Seiten bis auf Armeslänge an das Schiff herangerückt zu sein. In diesen engen Kreis stürzten die wütenden Seen über das Schiff und rollten davon. Ein Regen schwerer Salztropfen fegte wie ein Nebelschwaden quer über das Schiff hinweg. Wir mußten die Großschot aufgeien, und mit stumpfer Ergebung bereitete sich jeder darauf vor, noch einmal nach oben zu gehen.

Doch die Offiziere schrien uns etwas zu und drängten uns zurück, bis wir schließlich begriffen, daß man nicht mehr Leute als unbedingt auf die Rah hinausgehen lassen wollte. Da die Masten jeden Augenblick über Bord gehen konnten, schlossen wir, daß der Kapitän nicht seine ganze Mannschaft auf einmal verlieren wollte. Das war vernünftig. So begann nur die Wache an Deck unter Creightons Führung sich nach oben zu kämpfen. Der Wind preßte die Leute gegen die Webeleinen, und nur dann, wenn die Böen etwas nachließen, gelang es ihnen, ein paar Schritte höher zu kommen, bis ein plötzlicher Windstoß die ganze Reihe der in den Wanten hängenden Männer dort wie Gekreuzigte festnagelte. Die andere Wache stürzte an Deck, um das Segel aufzugeien. Aus dem von einer Seite des Decks zur anderen hin und her flutenden Wasser, das alle unwiderstehlich mitriß, tauchte bald hier, bald dort ein Kopf auf. Der Erste brummte ermutigend in unserer Mitte herum und fuhr pladdernd und schnaubend wie ein energischer Tümmler zwischen dem unklaren Tauwerk umher. Dann flaute der Wind plötzlich unheildrohend und verdächtig ab, so daß die Arbeit an Deck und auf der Rah ohne Verlust eines Mannes zu Ende gebracht werden konnte. Im Augenblick schien der Sturm abzuziehen, und das Schiff faßte neuen Mut, als wollte es sich dankbar für unsere Mühen zeigen.

Um acht Uhr rannte die abgelöste Wache, jede Chance ausnutzend, über das überflutete Deck nach vorne, um etwas Schlaf zu bekommen. Die andere Hälfte der Mannschaft blieb achtern, um, wie sie sich ausdrückte, »das Schiff durchzubringen«. Die beiden Steuerleute drängten den Kapitän, nach unten zu gehen. Baker brummte ihm ins Ohr: »Ouch! sicher jetzt... Ouch! ... Vertrauen zu uns... nichts mehr zu tun... sie muß es jetzt aushalten oder draufgehen. Ouch! Ouch!« Der lange, junge Creighton lächelte freundlich zu ihm hinunter: »Alles in bester Ordnung! Machen Sie eine kleine Pause,

Sir.« Der Kapitän sah sie starr aus blutunterlaufenen, schlaflosen Augen an. Die Ränder seiner Augenlider waren scharlachrot, und unablässig bewegte er langsam den Unterkiefer, als würde er einen Radiergummi kauen. Er schüttelte den Kopf und wiederholte: »Kümmern Sie sich nicht um mich. Ich muß bis zum Schluß dabeibleiben – muß dabeibleiben.« Aber er ließ sich wenigstens dazu bewegen, einen Augenblick beim Oberlicht niederzusitzen, wobei sein Gesicht angespannt und unentwegt nach Luv gerichtet blieb. Die See spie nach ihm – und stoisch ließ er das Wasser in seinem Gesicht niederrinnen. Es sah aus, als weinte er. Auf der Luvseite der Poop stand die Wache. Die Leute hielten sich im Besanswant fest und versuchten ermutigende Worte auszutauschen. Plötzlich brüllte Singleton am Ruder laut auf: »Wahrschau, Leute!« Seine Stimme drang nur wie ein geflüsterter Warnruf bis zu ihnen. Sie erschraken.

Eine mächtige, schaumbedeckte See kam aus dem Dunst auf sie zu und stürzte sich wild aufheulend auf das Schiff. In ihrem drohenden Ansturm sah sie so unheilvoll und aufregend aus wie ein mit der Axt drohender Wahnsinniger. Ein oder zwei von uns flüchteten schreiend in die Takelage. Die meisten jedoch hielten krampfhaft den Atem an und blieben dort, wo sie standen. Singleton stemmte seine Knie unter die Ruderkappe und, ohne seine Augen von der anrollenden See abzuwenden, kam er vorsichtig mit dem Ruder auf, als das Schiff kopfüber untertauchte. Wie eine Mauer aus grünem Glas, bedeckt mit weißem Schnee, stieg die See dicht vor dem Schiff steil in die Höhe. Die *Narzissus* schwebte wie auf Flügeln empor und verharrte einen Augenblick lang auf dem schäumenden Kamm des Brechers wie ein riesiger Seevogel. Ehe wir noch Atem holen konnten, setzte eine harte Bö ein. Ein zweiter Brecher prallte mit brutaler Gewalt gegen die Luvseite, daß das Schiff mit einem Ruck vornüber taumelte und sein Deck der Länge nach von der See überflutet wurde. Kapitän Allistoun

73

sprang auf und fiel gleich wieder hin. Archie rollte über ihn hinweg und schrie: »Sie kommt wieder hoch!« Das Schiff holte noch weiter nach Lee über, bis die unteren Juffern tief ins Wasser eintauchten. Den Leuten glitten die Beine unter dem Leib weg. Zappelnd hingen sie über dem schrägen Deck. Sie sahen, wie die Leeseite des Schiffes im Wasser verschwand, und alle schrien: »Sie geht weg!« Vorne flogen die Logistüren auf, und die Leute der Freiwache sprangen einer nach dem andern mit erhobenen Armen an Deck. Sie fielen auf ihre Hände und Füße und krochen längs der hohen Kante des Decks, das schräger als das Dach eines Hauses geneigt war, auf allen vieren nach achtern. In Lee stieg die See immer höher das Deck hinauf auf die Männer zu, die sich in ihrem hoffnungslosen Unterfangen so armselig vorkamen wie Ungeziefer, das vor der Flut flüchtet. Halb nackt und aufgeregt um sich blickend, arbeitete sich einer nach dem andern die Luvtreppe zur Poop hoch. Sobald sie oben angelangt waren, schossen sie mit geschlossenen Augen in einzelnen Haufen nach Lee hinüber und prallten dort gegen die Reling, deren eiserne Stützen sich in ihre Rippen bohrten. Stöhnend fielen sie dann in einer wirren Masse übereinander. Die ungeheure Wassermenge, die nach dem letzten Einsetzen des Schiffes über das Vorschiff geschleudert worden war, hatte die Leetür des Logis eingeschlagen. Bestürzt sahen die nach Luv zurückflüchtenden Männer ihre Seekisten, Decken, Kissen und ihr Zeug aus dem Logis herausschwimmen und forttreiben. Auf der Wasseroberfläche sah man Strohsäcke, ausgebreitete Decken, vollgeschlagene Seekisten mit schwerer Schlagseite, die wie entmastete Hulks in der See stampften, bis sie ganz versanken. Archies dicke Jacke trieb mit ausgebreiteten Ärmeln vorbei wie ein ertrunkener Seemann, dessen Kopf schon unter Wasser gesackt war. Von den Leuten glitten einige das schräge Deck hinunter und versuchten dabei vergeblich, sich an den Decksplanken festzukrallen. Andere standen mit

74

weit aufgerissenen Augen zusammengedrängt in einer Ecke, und alle brüllten ununterbrochen: »Die Masten! Kappen! Kappen!« ... Eine dunkle Bö heulte dicht über das Schiff hin, das ganz auf der Seite lag, die Luvnocken der Rahen gegen die Wolken gerichtet, während die schlanken Masten, die nahezu horizontal lagen, unendlich lang erschienen. Der Zimmermann ließ sich los, sauste gegen das Oberlicht und kroch auf den Kajütseingang zu, wo eine große Axt für den Notfall bereitlag. In diesem Augenblick brach die Marsschot. Das Ende der schweren Kette schoß nach oben, und ein Regen roter Funken strömte durch die fliegende Gischt herunter. Mit einem einzigen Knall, der uns fast das Herz aus der Brust riß, verwandelte sich das Segel in ein Bündel wild flatternder, schmaler Fetzen, die sich ineinander verknoteten und schließlich an der Rah verfingen. Kapitän Allistoun versuchte, mit dem Gesicht fast an Deck, aufzustehen. Neben ihm schwangen einige Männer an Tauen in der Luft hin und her, wie Nesträuber über einer Klippe. Mit einem Fuß stand der Kapitän auf der Brust eines anderen. Sein Gesicht war blutrot, und seine Lippen bewegten sich unausgesetzt. Auch er brüllte, beugte sich herunter und schrie: »Nein! Nein!« Baker, der rittlings über dem Kompaßhäuschen stand, schrie zurück: »Sagten Sie nein? Nicht kappen?« Wütend schüttelte der Kapitän den Kopf: »Nein! Nein!« Der Zimmermann, der zwischen den Beinen des Kapitäns durchzukriechen versuchte, gab seine Bemühungen schlagartig auf und ließ sich der Länge nach beim Oberlicht niederfallen. Einige Stimmen wiederholten den Ruf: »Nein! Nein!« Dann wurde es still. Alle warteten darauf, daß das Schiff kentern und sie alle in die See schleudern würde. Und in dem schrecklichen Toben des Orkans kam nicht der leiseste Widerspruch von den Leuten, von denen jeder Jahre seines Lebens dafür hingegeben hätte, wenn er »die verdammten Knüppel« hätte über Bord gehen sehen. Sie alle waren davon überzeugt, daß dies ihre letzte

Chance sei. Aber der kleine Mann mit dem strengen Gesicht hatte sein graues Haar geschüttelt und »Nein« gerufen, ohne sie auch nur eines Blickes zu würdigen.

Sie schwiegen und atmeten schwer. Sie klammerten sich an die Reling und hatten Taue um die Arme geschlungen. Sie hielten sich an den Augbolzen fest und krochen gemeinsam auf jeden Halt zu, der sich ihnen bot. Sie hielten sich an den Armen, hakten sich irgendwo mit den Ellbogen oder dem Kinn und womöglich sogar mit den Zähnen ein, und einige, die nicht mehr von der Stelle wegkamen, wohin sie die See geschleudert hatte, fühlten, wie ihnen das Wasser am Rücken hochkroch. Singleton hatte die ganze Zeit über am Ruder ausgehalten. Sein Haar wehte im Wind. Der Sturm schien seinen lebenslangen Widersacher am Barte zu zerren und den alten Kopf zu rütteln. Aber Singleton gab nicht auf. Er hatte seine Knie zwischen die Spaken des Ruders geklemmt, und sein Körper flog mit dem Rad auf und nieder, als hinge er am Galgen. Da sich der Tod offenbar Zeit mit ihnen ließ, begannen sich die Leute umzublicken. Donkin, der sich mit einem Fuß in der Bucht eines Taues verfangen hatte, hing mit dem Kopf nach unten unter uns mit dem Gesicht an Deck und brüllte: »Kappen! Kappen!« Zwei Mann ließen sich vorsichtig zu ihm hinab, während die anderen das Tau aufholten. Sie zogen ihn hoch, schoben ihn an einen sicheren Platz und hielten ihn fest. Er überschüttete den Kapitän mit Verwünschungen und schüttelte unter gräßlichen Lästerungen die Faust gegen ihn, indes er uns mit unflätigen Worten aufforderte, die Masten zu kappen. »Kappen! – Nicht um den blutdürstigen Narren kümmern! Kapp doch, einer von euch!« Einer seiner Retter schlug ihm mit der verkehrten Hand ins Gesicht, daß sein Kopf an Deck knallte und er sofort ganz still wurde. Sein Gesicht war bleich geworden, er atmete schwer, und von seiner verletzten Lippe sickerten ein paar Tropfen Blut herab. In Lee war ein anderer zu sehen, der lang ausgestreckt, wie betäubt an Deck lag. Nur die Reling bewahrte ihn davor, daß er über Bord gewaschen wurde. Es war der Steward. Wir mußten ihn wie einen Ballen Zeug einstroppen und aufholen, denn er war vor Schrecken wie gelähmt. Er war aus der Pantry herausgestürzt, als er merkte, wie sich das Schiff hart überlegte, und war dann hilflos mit einer Tasse in der Hand nach Lee hinübergerutscht. Die Tasse war heil geblieben, und er hielt sie so lange krampfhaft fest, bis wir sie ihm mit Gewalt wegnahmen. Er war ganz erstaunt, als er seine Tasse in unsern Händen sah. »Wo habt ihr das Ding her?« fragte er uns dauernd mit zitternder Stimme. Sein Hemd war in Fetzen, und die zerrissenen Ärmel flatterten wie Schwingen im Wind. Zwei Mann banden ihn fest und verschnürten ihn regelrecht wie ein Bündel nasser Lumpen. Der Erste kroch die Reihe der Leute entlang und fragte prüfend: »Seid ihr alle da?« Einige blickten ihn ausdruckslos an, andere schüttelten sich krampfartig. Wamibos Kopf hing vornüber, und schweratmend saßen sie alle in den Ecken zusammengedrängt, vom Tauwerk wundgescheuert und erschöpft vom krampfhaften Anklammern. Ihre Lippen zuckten, und jedesmal, wenn das hart überliegende Schiff eine dieser übelmachenden Bewegungen ausführte, öffneten sich die Lippen, als wollten sie aufschreien. Der Koch hielt einen hölzernen Stützen umklammert und wiederholte unbewußt ein Gebet. Er war ohne Mütze und Schuhe, und bei jeder kurzen Unterbrechung des Höllenlärms war seine Stimme zu hören, die den Herrn anflehte, ihn nicht in Versuchung zu führen. Aber bald verstummte auch er. Kein Laut war mehr in diesem Haufen frierender und hungriger Menschen zu hören, die erschöpft ihren gewaltsamen Tod erwarteten. Sie waren stumm geworden und lauschten in düsterer Versunkenheit auf die furchtbaren Verwünschungen des Sturms.

Stunden vergingen. Die starke Neigung des Schiffes schützte

77

die Männer etwas vor dem unaufhörlich heulenden Wind, der über ihre Köpfe hinwegbrauste. Ab und zu überfiel sie jedoch ein kalter Regenschauer in ihrem kahlen Zufluchtsort. Unter der Pein dieser neuen Plage zuckten ihre Schultern noch weiter zusammen, und sie begannen mit den Zähnen zu klappern. Der Himmel klarte auf, und heller Sonnenschein überglänzte das Schiff. Nach jedem Brecher, der über das Deck hinwegfegte, bildete sich in dem plötzlich aufsprühenden Gischt über dem treibenden Schiffsrumpf ein strahlender Regenbogen, der rasch wieder verschwand. Der Sturm nahm ab und ging in eine klare steife Brise über, die wie ein scharfes Messer in die Haut schnitt. Charley war zwischen zwei alten Seeleuten mit dem Schal von irgend jemand an einem Augbolzen an Deck festgebunden und weinte still vor sich hin. Seltene Tränen, die der Wirrwarr, die Kälte, der Hunger und das ganze allgemeine Elend aus ihm herauspreßten. Einer seiner Nebenleute stieß ihn in die Rippen und fragte roh: »Was hast du da auf deinen Backen? Bei gutem Wetter bist du doch gar nicht zu halten, mein Junge.« Und indem er sich vorsichtig umdrehte, arbeitete er sich aus seiner Jacke heraus und warf sie über den Jungen. Ein anderer rückte näher an ihn heran und murmelte: »So wird ein Mann aus dir gemacht, Söhnchen.« Sie nahmen ihn in die Arme und preßten ihn an sich. Charley zog die Füße an, dann fielen ihm die Augen zu. Man hörte Seufzer, als die Leute merkten, daß sie nicht »gleich absaufen« würden und sich nun etwas bequemer hinzulegen versuchten. Creighton, der sich das Bein verletzt hatte, lag mit zusammengepreßten Lippen zwischen uns. Einige Leute von seiner Wache bemühten sich, ihn in Sicherheit zu bringen. Wortlos, ohne sie dabei anzusehen, streckte er erst den einen, dann den andern Arm aus, um ihnen zu helfen. In seinem jungen, ernsten Gesicht zuckte keine Muskel. Besorgt fragten sie ihn: »Geht's besser, Sir?« Er antwortete kurz: »Is gut so.« Er war ein strenger, junger

78

Offizier, aber viele von seiner Wache machten keinen Hehl daraus, daß sie ihn gerne mochten, weil er »so eine vornehme Art hatte, sie längs Deck zu jagen«. Andere, die solch feine Schattierungen der Vornehmheit nicht unterscheiden konnten, schätzten ihn wegen seiner Forschheit. Zum erstenmal nachdem das Schiff fast bis zum Kentern übergelegen hatte, schenkte Kapitän Allistoun seinen Leuten einen kurzen Blick. Er stand beinah aufrecht da, einen Fuß gegen das Oberlicht gestemmt, ein Knie auf dem Deck und ein Ende der Gaffelgeer um den Leib geschlungen, wobei er hin und her schwang. Sein Blick war starr vorausgerichtet, wachsam, als ob er nach einem Zeichen Ausschau hielt. Vor seinen Augen hob und senkte sich das mit seinem halben Deck unter Wasser liegende Schiff auf den schweren Seen, die in dem kaltblinkenden Sonnenschein unter dem Schiffsrumpf hervorbrachen. Wir kamen zu der Überzeugung, daß sich das Schiff alles in allem wundervoll hielt. Zuversichtlich hörte man einige ausrufen: »Sie schafft es, Jungs!« Belfast jammerte laut: »Eine Monatsheuer gäb' ich für 'nen Zug aus 'ner Pfeife!« Einige fuhren sich mit der trockenen Zunge über ihre salzigen Lippen und murmelten etwas von einem »Schluck Wasser«. Als ob er das gehört hätte, zog sich der Koch mühsam an dem auf der Poop stehenden Wasserfaß hoch und blickte hinein. Auf dem Boden stand etwas Wasser. Er schrie uns etwas zu und winkte mit den Armen. Zwei Mann krochen mit der Mug hin und zurück. Wir alle bekamen einen ordentlichen Schluck. Nur der Kapitän schüttelte ungeduldig seinen Kopf und lehnte ab. Als die Reihe an Charley war, rief einer seiner Nebenleute: »Der verdammte Junge schläft.« Er schlief, als hätte man ihm ein Betäubungsmittel eingeflößt. Sie ließen ihn ungestört. Singleton hielt mit einer Hand das Ruder fest, während er trank, und beugte sich nieder, um Schutz vor dem Wind zu finden. Wamibo mußte gerüttelt und angeschrien werden, bevor er die Mug sah, die man ihm vor die Augen hielt. Knowles bemerkte scharfsinnig: »Das ist besser als 'ne Buddel Rum.« Baker brummte: »Danke.« Creighton trank und nickte. Donkin schluckte gierig, wobei er über den Rand stierte. Belfast brachte uns zum Lachen, als er affektiert rief: »Reicht sie hierher weiter, wir sind alle Abstinenzler hier.« Dem Kapitän wurde von einem der vor ihm kriechenden Männer nochmals die Mug angeboten mit den Worten: »Wir haben alle getrunken, Kapitän«, worauf dieser die Mug ergriff, ohne den Blick von vorn zu wenden. Mit steifer Hand reichte er die Mug zurück, als könnte er nicht einen Augenblick seine Augen vom Schiff abwenden. Die Gesichter hellten sich auf. Wir riefen dem Koch zu: »Gut gemacht, Smut!« Er saß in Lee gegen das Wasserfaß gestützt und schrie lebhaft zurück, aber seine Stimme ging in einem donnernden Brecher unter, so daß wir nur Bruchstücke aufschnappten, die sich anhörten, wie »Vorsehung« und »wiedergeboren«. Er war wieder am Predigen, seiner Lieblingsbeschäftigung. Wir machten ihm freundliche, aber spöttische Zeichen. Er hob seinen Arm hoch, während er sich mit dem andern festhielt. Seine Lippen bewegten sich. Er beugte sich nach uns vor und redete mit erhobener Stimme auf uns ein, während er seinen Kopf vor den überkommenden Spritzern einzog.

Plötzlich rief jemand: »Wo ist Jimmy?« Wir waren aufs neue entsetzt. Vom achteren Ende der Reihe rief der Bootsmann heiser: »Hat ihn wer rauskommen sehen?« Bedrückt klang es durcheinander: »Ertrunken – ist er? … Nein! In seiner Kammer! Großer Gott! … Eingeschlossen wie eine verdammte Ratte in der Falle … Konnte seine Tür nicht aufkriegen … Ja! Sie legte sich zu schnell über, und die Tür kam unter Wasser … Armer Teufel! … Keine Hilfe für ihn … Laß uns mal nachsehen …« – »Verflucht, wie können wir denn dahin kommen?« schrie Donkin. – »Von dir erwartet das keiner«, brummte der nächste, »du bist ja man selbst nur ein armer Kerl.« –

80

»Is da überhaupt 'ne Chance hinzukommen?« fragten zwei oder drei zugleich. Belfast band sich in blindem Eifer los und schoß sofort wie der Blitz nach Lee hinunter. Entsetzt schrien wir alle auf. Seine Beine waren schon über Bord, als er sich wieder festhalten konnte und nach einem Tauende schrie. In unserer Lage gab es nichts mehr, was uns einen Schrecken einjagen konnte. So kam es uns beinah komisch vor, wie er dort mit erschrecktem Gesicht herumstrampelte. Einer fing an zu lachen, und als wären sie von der lärmenden Heiterkeit hysterisch geworden, begannen sie alle, diese verstörten Menschen, zu lachen, mit wilden Augen, wie ein Haufen gefesselter Irrer. Baker schwang sich vom Kompaß herunter und streckte Belfast ein Bein hin. Ziemlich erschrocken kam er wieder heraufgekrochen, wobei er uns mit den abscheulichsten Beschimpfungen zum Teufel wünschte. »Du bist ... Ouch! Du bist ein übler Stänker, Craik«, brummte Baker. Vor Entrüstung stotternd antwortete Belfast: »Sehen Sie sich die bloß an, Sir. Die verdammten, dreckigen Kerle! Lachen noch, wenn einer über Bord geht. Und dann nennen sie sich auch noch Männer.« Doch da rief der Bootsmann, der vorne auf der Poop stand: »Kommt her!« und Belfast kroch schnell zu ihm hin. Die fünf Männer balancierten längs dem Poopdeck und blickten über die Reling nach vorne, um den besten Weg auszukundschaften. Sie schienen zu zögern. Die andern drehten sich in ihren Laschings mühsam um und starrten ihnen mit offenem Mund nach. Kapitän Allistoun sah nichts. Mit seinen Blicken schien er das Schiff in übermenschlicher Anstrengung in Gang zu halten, und in den schimmernden Regenbogen, die sich über den zitternden Schiffsrumpf wölbten, arbeiteten sich die Männer vorsichtig mit bedächtigen Bewegungen voran, bis sie außer Sicht kamen. Von Belegpinne zu Belegpinne, von Klampe zu Klampe schwangen sich die fünf Männer über das halb unter Wasser liegende Deck nach vorne. In Strömen ergoß sich eiskaltes grünes Wasser über die Verschanzung und auf ihre Köpfe. Atemlos und mit geschlossenen Augen hingen sie einen Augenblick an ihren ausgestreckten Armen, dann pendelten sie mit einem Arm weiter – der Kopf baumelte ihnen dabei kraftlos herunter – und versuchten das nächste Tauende oder den nächsten Stützen zu erfassen. Der athletische Bootsmann kam mit seinen langen Armen am schnellsten weiter. Während er mit eisenhartem Griff zupackte, fielen ihm plötzlich Bruchstücke aus dem letzten Brief seiner »Alten« ein. Der kleine Belfast strampelte wütend herum und schimpfte auf den »verfluchten Neger«. Wamibo hing vor Aufregung die Zunge aus dem Mund, und Archie paßte unerschrocken den richtigen Augenblick ab, um weiterzukommen.

Als sie in Höhe des Deckshauses waren, ließ sich einer nach dem andern los und mit ausgestreckten Armen, die Handflächen an das glatte Teakholz gepreßt, schwerfällig auf das Haus fallen. Rundum zischte und kochte das an Deck stehende Wasser. Alle Türen waren dadurch zu richtigen Falltüren geworden. Zuerst erreichten sie die Kombüsentür. Die Kombüse erstreckte sich von einer Seite zur andern, und sie konnten das hohle Geräusch des darin hin und her rauschenden Wassers hören. Die nächste Tür gehörte zum Zimmerhock. Sie öffneten sie und schauten hinab. Es sah dort aus, als ob ein Erdbeben den Raum verwüstet hätte. Alles, was sich darin befand, war durcheinandergeschleudert und gegen das Schott gegenüber der Tür geflogen, und hinter diesem Schott war Jimmy, tot oder lebendig. Die Hobelbank, ein halbfertiger Fliegenschrank, Sägen, Stemmeisen, Walzdrähte, Äxte, Brecheisen, alles lag auf einem Haufen und war mit losen Nägeln übersät. Gefährlich wie ein böses Lächeln glänzte die blanke Kante einer Krummaxt daraus hervor. Die Männer klammerten sich aneinander und spähten hinunter. In diesem Augenblick wären sie um ein Haar durch das unerwartete, hinterhältige Überholen des Schiffes alle zusammen über Bord geschleudert worden. Belfast brüllte: »Nun mal los!« und sprang hinunter. Archie folgte ihm vorsichtig und hielt sich dabei an einigen Borden fest, die unter seinem Gewicht nachgaben, so daß er sich in einem Haufen losgerissener Bretter wiederfand. Die drei Männer konnten sich kaum bewegen. Und zu dem sonnig-blauen Viereck der Tür schauten das bärtige, dunkle Gesicht des Bootsmanns und das aufgeregte, bleiche Gesicht Wamibos herein, die alles beobachteten.

Zusammen schrien sie: »Jimmy! Jimmy!« Von oben war die tiefe Stimme des Bootsmanns zu hören: »Du... Wart!« Zwischendurch flehte Belfast: »Jimmy, Liebling, lebst du noch?« Dann forderte sie der Bootsmann auf: »Noch einmal! Alle zusammen, Jungs!« Aufgeregt brüllten sie alle. Wamibos Schreie hörten sich wie lautes Bellen an. Belfast trommelte mit einem Stück Eisen gegen das Schott. Plötzlich wurden alle still. Leise tönte aus weiter Ferne Schreien und Hämmern, wie eine Solostimme nach einem Chorgesang. Er lebte. Er schrie und klopfte unter uns mit der verzweifelten Hast eines Mannes, der vorzeitig in einem Sarg eingeschlossen wurde. Wir machten uns an die Arbeit und begannen wütend den abscheulichen Haufen schwerer und scharfer Dinge zu beseitigen, die so unhandlich waren. Der Bootsmann kroch fort, um irgendwo einen losen Tampen zu suchen, und Wamibo, der durch unsere Rufe: »Spring nicht! ... Komm nicht herein, Döskopp!« oben geblieben war, stierte auf uns herunter. Der ganze Mann schien nur noch aus großen Augen, hellglänzenden Zähnen und wirrem Haar zu bestehen. Er sah aus wie ein aufgeregter, blöder Kobold, der sich über die ungewöhnliche Erregung Verdammter hämisch freut. Der Bootsmann beschwor uns, »ihm zur Hand zu gehen«, und ließ ein Tauende herunter. Wir machten die Sachen daran fest, die umherwirbelnd hochgezogen wurden und auf Nimmerwiedersehen verschwanden. Plötzlich überkam uns der Drang, alles über Bord zu werfen. Wir arbeiteten fieberhaft, zerschnitten uns die Hände und brüllten uns gegenseitig an. Jimmy machte einen wahnsinnigen Spektakel. Er schrie in einem fort, ohne Atem zu holen, wie ein gemartertes Weib. Er hämmerte mit Händen und Füßen gegen das Schott. Seine Todesangst bedrückte uns so schrecklich, daß wir das unwiderstehliche Verlangen spürten, ihn einfach dort zu lassen, um aus diesem Loch herauszugelangen, das tief wie ein Schacht war und wie ein Baum hin und her schwankte, um aus der Hörweite seiner Schreie zu kommen, zurück auf das Achterdeck, wo wir den Tod in ungestörter Ruhe erwarten konnten. Wir riefen ihm zu: »Halt's Maul, um Gottes willen!« Er verdoppelte seine Schreie. Er muß geglaubt haben, wir hörten ihn nicht. Wahrscheinlich hörte er kaum sein eigenes Gebrüll. Wir sahen ihn förmlich vor uns, wie er auf der Kante der Oberkoje hockte und im Dunklen mit beiden Fäusten das Holz bearbeitete, während er seinen Mund zu diesem unaufhörlichen Schrei weit aufriß. Es waren gräßliche Augenblicke. Eine Wolke schob sich vor die Sonne und warf einen drohenden Schatten in die Türöffnung. Jede Bewegung des Schiffes war eine Qual für uns. Wir krochen auf allen vieren herum. Uns war schrecklich elend zumute. Von oben herunter schrie der Bootsmann: »Macht zu! Macht zu! Wir beide werden hier oben gleich über Bord gewaschen, wenn ihr nicht schnell macht!« Dreimal noch brach die See über die Verschanzung und schüttete das Wasser eimerweise auf uns herunter. Der Anprall erschreckte Jimmy so sehr, daß sein Geschrei einen Augenblick lang verstummte – wohl in der Erwartung, daß das Schiff jetzt vielleicht sinken würde. Dann aber begann er wieder laut klagend um Hilfe zu rufen, als hätte ihn der Angstausbruch neu belebt. Der Boden war über und über mit Nägeln besät. Es war schaurig. Alle Nägel der Welt, die nicht irgendwo fest eingeschlagen waren, schienen den Weg in dieses Zimmerhock gefunden zu haben.

84

Hier lagen sie nun alle, Nägel jeder Sorte, Überbleibsel der Ausrüstung von sieben Reisen. Drahtstifte, Kupfernägel (scharf wie Nadeln), Pumpenspieker mit breiten Köpfen, wie winzige eiserne Pilze; Nägel ohne jeden Kopf (fürchterlich), polierte und schlanke Nägel, da lagen sie in einem dichten Haufen, unnahbarer als ein Igel. Wir zögerten und wünschten uns eine Schaufel, während Jimmy unter uns wie am Spieß brüllte. Stöhnend griffen wir mit den Händen hinein, und völlig zerstochen schüttelten wir Nägel und Blutstropfen von den Fingern. Dann reichten wir Hüte voll der verschiedensten Nägel hinauf zum Bootsmann, der sie im weiten Bogen in die wütende See schleuderte, als wolle er damit eine geheimnisvolle, versöhnende Zeremonie vollziehen. Endlich kamen wir an das Schott heran. Es war aus starken Bohlen. Die *Narzissus* war ein bis ins kleinste gut gebautes Schiff, und uns schien es, als ob diese Bohlen die stärksten waren, die jemals für ein Schott verwendet wurden. Dann bemerkten wir erst, daß wir in der Eile das gesamte Werkzeug über Bord geworfen hatten. Der lächerliche kleine Belfast wollte mit seinem Körpergewicht das Schott einbrechen und sprang wie ein Springbock mit beiden Füßen in die Höhe. Dabei verfluchte er die Schiffbauer an der Clyde, weil sie nicht schludriger gearbeitet hatten. Nebenher dehnte er seine Schmähungen auf ganz Nordengland, die übrige Welt, die See – und auf all seine Gefährten aus. Als er mit seinen Füßen wieder an Deck landete, schwor er, daß er sich nie, nie wieder mit einem Verrückten einlassen wollte, »der nicht einmal genug Sawwie hat, sein Knie von seinem Ellbogen zu unterscheiden«. Mit seinem Bumsen erreichte er nur, daß Jimmy den letzten kümmerlichen Rest seines Verstandes verlor. Wir konnten den Gegenstand unserer erbitterten Sorge unter den Decksplanken hin und her rasen hören. Er hatte sich schließlich heiser gebrüllt und konnte nur noch klägliche Laute winseln. Mit seinem Kopf oder Rücken scheuerte er bald hier, bald dort aufreizend an den Planken entlang. Er ächzte jedesmal kläglich, wenn er den unsichtbaren Schlägen auswich. Das war noch herzzerreißender als seine Schreie. Plötzlich kam Archie mit einer Brechstange an. Er hatte sie bisher ebenso wie eine kleine Axt zurückbehalten. Wir schrien vor Freude auf. Er holte mit einem mächtigen Schlage aus, und kleine Splitter flogen uns um die Ohren. Der Bootsmann über uns schrie: »Paßt auf! Paßt auf dort! Schlagt ihn nicht tot. Es geht auch sachte!« Wamibo, der vor Aufregung zitterte, hing mit dem Kopf nach unten und trieb uns wie verrückt an: »He, hau drauf! He! He!« Wir hatten schon Angst, daß er herunterfallen und einen von uns erschlagen würde, und forderten daher den Bootsmann auf, »den verdammten Finnen über Bord zu schmeißen«. Dann brüllten wir alle zur gleichen Zeit gegen das Schott: »Unter raus! Geh nach vorn!« und lauschten. Wir hörten nur das tiefe Dröhnen und Stöhnen des Windes über uns und das gleichzeitige Heulen und Zischen der überkommenen Brechseen. Leblos, als habe die Verzweiflung es übermannt, wälzte sich das Schiff auf die Seite. Uns schwindelte bei dieser unnatürlichen Bewegung. Belfast schrie: »Um Gottes willen, wo bist du, Jimmy? ... Klopf doch, Jimmy, guter! ... Klopf! Du verdammtes schwarzes Biest! Klopf!« Er verhielt sich so still wie ein Toter im Grabe. Wir waren dem Weinen nahe, wie Männer am Rande eines Grabes, aus Qual, Anstrengung und Erschöpfung, und hatten nur den einen Wunsch, mit der Sache fertig zu werden und uns irgendwo hinzulegen, wo wir der Gefahr ins Auge sehen und wieder atmen konnten. Archie brüllte: »Platz da!« Wir duckten uns hinter ihm und zogen die Köpfe ein, während er Schlag auf Schlag die Brechstange zwischen zwei Planken jagte. Sie krachten, und plötzlich fuhr die Brechstange bis zur Hälfte durch ein zersplittertes, längliches Loch. Sie mußte kaum einen Zollbreit an Jimmys Kopf vorbeigegangen sein. Archie riß sie schnell zurück, und der infame

Nigger stürzte an das Loch, preßte seine Lippen dagegen und wisperte mit halberloschener Stimme: »Hilfe!« Wie ein Verrückter versuchte er durch die nur einen Zoll breite und drei Zoll lange Öffnung herauszukommen, indem er den Kopf dagegen stemmte. In unserm verwirrten Zustand waren wir durch sein unglaubliches Verhalten wie gelähmt. Es schien nicht möglich, ihn wegzujagen. Sogar Archie verlor zu guter Letzt die Fassung. »Wenn du nicht abhaust, jag' ich dir die Brechstange durch den Kopf«, schrie er mit entschlossener Stimme. Es war ihm ernst damit, und diese Bestimmtheit schien auf Jimmy Eindruck zu machen. Er verschwand sofort, und wir begannen an den Planken zu stemmen und zu reißen mit der wütenden Hast von Männern, die an ihren Todfeind heranwollen, getrieben von dem Verlangen, ihn in Stücke zu reißen. Das Holz splitterte, krachte und gab nach. Belfast tauchte mit Kopf und Schultern hinunter und tastete im Dunkeln um sich. »Ich hab' ihn! Hab' ihn!« schrie er. »Oh! Da! ... Er ist wieder weg! Hab' ihn! Zieht meine Beine hoch! ... Pullt.« Wamibo johlte unaufhörlich. Der Bootsmann gab laut Anweisungen: »Krieg ihn beim Haar zu fassen, Belfast! Holt ihn jetzt hoch, ihr beide! Holt ordentlich!« Und wir holten. Wir holten Belfast mit einem Ruck heraus und ließen ihn empört fallen. Er saß mit hochrotem Gesicht da und jammerte verzweifelt: »Wie soll ich ihn denn an seiner verdammten kurzen Wolle festhalten?« In diesem Augenblick tauchten Jimmys Kopf und Schultern auf. Er blieb auf halbem Wege stecken, rollte mit den Augen und schäumte vor Aufregung zu unseren Füßen. Mit rücksichtsloser Ungeduld stürzten wir uns auf ihn, rissen ihm das Hemd vom Leib, zerrten ihn an den Ohren hoch und keuchten vor Anstrengung, als plötzlich sein Körper nachgab, als ob jemand seine Beine losgelassen hätte. Mit einem einzigen Schwung zogen wir ihn zu uns herauf. Sein Atem ging pfeifend, er stieß uns ins Gesicht, griff nach einem Paar Arme über seinem Kopf und wand sich mit solch ungestümer Hast nach oben, daß er wie ein gasgefüllter Ballon unseren Händen zu entgleiten drohte. Schweißüberströmt kletterten wir an dem Tampen hoch und schnappten in dem kalten Wind an Deck nach Luft wie Männer, die in eiskaltes Wasser gefallen sind. Unsere Gesichter brannten, während wir bis auf die Knochen zitterten. Nie zuvor war uns der Sturm wütender, die See toller, die Sonne gnadenloser und hämischer und die Lage des Schiffes hoffnungsloser und entsetzlicher erschienen. Jede Bewegung des Schiffes schien sein Ende und der Anfang unseres Todeskampfes zu sein. Wir taumelten fort von der Tür und fielen bei einem plötzlichen Überholen des Schiffes alle Mann übereinander. Die Wand des Deckshauses schien glatter als Glas und schlüpfriger als Eis zu sein. Es gab nichts, woran man sich festhalten konnte, außer dem langen Messinghaken, der zuweilen gebraucht wurde, um eine offenstehende Tür festzuhalten. Wamibo klammerte sich daran, und wir klammerten uns an Wamibo und hielten krampfhaft unsern Jimmy fest. Er war jetzt völlig zusammengebrochen und schien nicht mehr die Kraft zu haben, seine Hand zu schließen. In unserer Angst standen wir ihm blindlings bei. Wir befürchteten nicht, daß Wamibo loslassen würde (wir erinnerten uns, daß der Kerl stärker als drei von uns zusammen war), aber wir fürchteten, der Haken könnte nachgeben, und glaubten auch, das Schiff sei entschlossen, schließlich doch noch über Kopf zu gehen. Doch die *Narzissus* tat es nicht. Eine See stürzte sich auf uns. Der Bootsmann tobte: »Los und weg, jetzt ist gerade Stille, achteraus mit euch, oder wir gehen hier noch alle zum Teufel.« Wir standen auf und umringten Jimmy. Wir flehten ihn an, auf den Beinen zu bleiben oder sich wenigstens festzuhalten. Er starrte uns aus seinen hervorstehenden Augen an, stumm wie ein Fisch und ohne jede Widerstandskraft. Er wollte sich nicht aufrechthalten. Er wollte nicht einmal die Arme um unsern Hals legen. Er war nur noch ein kalter schwarzer Balg, der mit Baumwolle lose ausgestopft war. Seine Arme und Beine schwangen haltlos und biegsam hin und her, sein Kopf rollte kraftlos von einer Seite zur andern, und seine große, wuchtige Unterlippe hing herab. Aufgeregt und erschrocken drängten wir uns an ihn, und indem wir ihn mit unseren Leibern schützten, flogen wir in einem Klumpen bald hierhin, bald dorthin. So wankten wir gleichsam an der Schwelle zur Ewigkeit mit merkwürdig lächerlichen Gebärden um ihn herum, wie ein Haufen betrunkener Männer, die sich mit einem gestohlenen Leichnam abmühen.

Etwas mußte geschehen. Irgendwie mußten wir ihn nach achtern schaffen. Ein Tau wurde lose unter seinen Armen durchgeholt und festgemacht, dann hoben wir ihn unter Lebensgefahr hoch und hängten ihn an die Klampe der Fockschot. Er gab keinen Laut von sich und sah so lächerlich jammervoll aus wie eine Puppe, die die Hälfte ihrer Sägespäne verloren hat. Und nun begann die gefahrvolle Reise über das Großdeck, wobei wir vorsichtig die jämmerliche, schlaffe und verhaßte Last hinter uns herzogen. Er war nicht sehr schwer, aber er hätte nicht unhandlicher sein können, wenn er eine Tonne gewogen hätte. Wir reichten ihn buchstäblich von Hand zu Hand. Ab und zu mußten wir ihn an einem nahen Belegnagel aufhängen, um Luft zu schöpfen und unsere Reihe wieder zu formieren. Wäre der Nagel gebrochen, dann wäre Jimmy unwiederbringlich im Ozean verschwunden. Doch damit mußte er sich abfinden, und nach einer kleinen Weile wurde ihm das offenbar bewußt, denn er stöhnte leicht und wisperte mit großer Anstrengung einige Worte. Begierig lauschten wir. Er machte uns Vorwürfe über die Sorglosigkeit, mit der wir ihn solchen Gefahren aussetzten. »Jetzt, nachdem ich mich dort hinausgearbeitet habe«, hauchte er schwach. »Dort« – das war seine Kammer. Und er hatte sich selbst hinausgearbeitet. Anschei-

89

nend hatten wir gar nichts damit zu tun! ... Macht nichts! ...
Wir gingen weiter und ließen ihn seine Chancen wahrnehmen,
weil wir einfach nicht anders konnten, denn obgleich wir ihn
damals mehr denn je haßten – mehr als irgend etwas unter
dem Himmel –, so wollten wir ihn doch nicht verlieren. Wir
hatten ihn so weit gerettet, und es war eine persönliche Angelegenheit zwischen uns und der See geworden. Wir wollten zu
Jimmy halten. Hätten wir – um ein unmögliches Beispiel zu
wählen – ähnliche Mühen und Sorgen für ein leeres Faß auf-
gewendet, so wäre uns dieses Faß ebenso wertvoll geworden,
wie es Jimmy war. Noch wertvoller eigentlich, da wir keinen
Grund gehabt hätten, das Faß zu hassen. Und wir haßten
James Wart. Wir konnten den ungeheuerlichen Verdacht nicht
loswerden, daß dieser erstaunliche Schwarze sich bloß krank
gestellt hatte, angesichts unserer Plackerei, unserer Verachtung
und unserer Geduld – und jetzt trotz aller Hingabe auch angesichts des Todes noch weiter simulierte. Nach unsrer unklaren
und unvollkommenen Auffassung von Tugendhaftigkeit war
diese unmännliche Lüge einfach abscheulich. Doch er blieb
mannhaft dabei – das war das Erstaunliche! Nein! Es konnte
nicht so sein. Er war einfach in höchster Not. Seine streitsüch-
tige Stimmung war allein der Ausfluß dieser herausfordernden
Unbezwinglichkeit des Todes, den er an seiner Seite spürte.
Jeder mußte mit einem solch überlegenen Gefährten neben
sich düstere Gedanken haben. Aber was für Menschen waren
wir dann mit unseren Gedanken? Entrüstung und Zweifel riefen in uns einen Widerstreit hervor, der unsere verborgensten
Gefühle mit Füßen trat. Und gerade wegen dieses Verdachtes
haßten wir ihn. Wir verabscheuten ihn wegen des Zweifels.
Wir konnten ihn nicht ohne weiteres verachten – noch konnten
wir ihn bemitleiden, ohne unsere Selbstachtung zu verlieren.
So haßten wir ihn also und reichten ihn von Hand zu Hand
weiter. »Hast du ihn?« schrien wir uns zu. »Ja. Gut. Laß los!«

Und er flog von einem Feind zum nächsten, wie ein lebloses Stück Holz. Seine Augen bildeten zwei enge weiße Schlitze in dem schwarzen Gesicht. Die Luft entwich zwischen seinen Lippen mit einem Geräusch wie aus einem Blasebalg. Endlich erreichten wir die Treppe zur Poop, und da es ein verhältnismäßig sicherer Platz war, legten wir uns alle zusammen einen Augenblick lang erschöpft hin, um etwas auszuruhen. Jimmy begann vor sich hin zu murmeln. In unserer unverbesserlichen Sorge um ihn versuchten wir zu hören, was er sagte. Mürrisch flüsterte er jetzt: »Das hat lange gedauert, bis ihr kamt. Ich dachte schon, ihr saubere Gesellschaft wärt alle zusammen über Bord gegangen. Was hielt euch denn zurück, he? Angst?« Wir sagten nichts und zerrten ihn wieder hoch. Unser geheimer, glühender Herzenswunsch war, ihn mit unseren Fäusten zu traktieren – und dabei faßten wir ihn so zart an, als wäre er aus Glas.

Unsere Rückkehr auf die Poop war wie die Heimkehr von Wanderern nach jahrelanger Abwesenheit unter Menschen, die von einer verheerenden Zeit gekennzeichnet sind. Hohläugig drehten sich die Leute dort langsam nach uns um. Schwaches Gemurmel wurde laut: »Habt ihr ihn schließlich gekriegt?« Die bekannten Gesichter sahen vertraut und doch fremd aus, sie erschienen uns fahl und schmutzig, und in ihrem Ausdruck mischte sich Erschöpfung mit gespannter Erwartung. Während unserer Abwesenheit schienen sie viel magerer geworden zu sein, als wenn all diese Männer hier in ihrer verlassenen Lage lange Zeit gehungert hätten. Der Kapitän, der einen Rundtörn mit einem Tampen um sein Handgelenk genommen hatte, kniete mit einem Bein an Deck und schwang mit dem Oberkörper hin und her. Sein Gesicht war kalt und unbewegt. Nur seine Augen glühten. Er achtete auf niemand in seiner übermenschlichen Anstrengung und Sorge um das Schiff. Wir banden James Wart an einem sicheren Platz fest. Der Erste kam herangekrochen, um mitzuhelfen. Creighton, der totenblaß auf dem Rücken lag, murmelte: »Gut gemacht« und warf uns einen spöttischen Blick zu, dann schloß er langsam die Augen. Da und dort bewegten sich einige; die meisten jedoch verharrten apathisch in ihren verkrampften Stellungen und murmelten zwischen Frostschauern vor sich hin. Die Sonne ging unter. Eine ungeheure Sonne, wolkenlos und rot. Sie neigte sich tief nieder, als wollte sie sich herabbeugen, um uns ins Gesicht zu sehen. Der Wind pfiff zwischen langen Sonnenstrahlen, die in kaltem Glanz mitten in die erweiterten Pupillen der starren Augen trafen, ohne auch nur ein Blinzeln zu bewirken. Die krausen Haare und wirren Bärte der Männer waren grau vom Salz des Meerwassers. Ihre Gesichter waren erdfahl, und die dunklen Schatten unter den Augen reichten bis zu den Ohren und verdunkelten die Höhlungen der eingefallenen Wangen. Ihre Lippen, bleich und dünn, bewegten sich nur mühsam, als klebten sie an den Zähnen. Traurig versuchten einige im Sonnenlicht zu lächeln, während sie vor Kälte zitterten, andere zeigten sich bedrückt und waren still. Charley, den die jähe Erkenntnis von der Bedeutungslosigkeit seiner Jugend überwältigt hatte, sah mit ängstlichen Blicken um sich. Die beiden glattgesichtigen Norweger glichen hinfälligen Kindern und starrten blöde vor sich hin. In Lee türmten sich am Horizont schwarze Wellenberge der glühenden Sonne entgegen. Sie sank langsam, rund und flammend, während die Kämme der Seen sich an der Kante der leuchtenden Scheibe brachen. Einer der Norweger schien das zu bemerken und gab sich einen starken Ruck, worauf er zu sprechen begann. Seine Stimme schreckte die Leute auf und brachte Bewegung in sie. Steif drehten sie ihre Köpfe oder wandten sich mühsam nach ihm um und sahen ihn überrascht, ängstlich oder in traurigem Schweigen an. Er plapperte der sinkenden Sonne zu, nickte mit dem Kopf, während die schweren Seen schon quer über die blutrote Scheibe rollten und die Schatten der hohen Wellenberge sich über Meilen aufgewühlten Wassers hinweg in den Gesichtern der Männer als fliehende dunkle Flecke abzeichneten. Ein weißschäumender Brecher brach mit lautem, zischendem Gebrüll zusammen, und wie ausgelöscht verschwand die Sonne. Das Plappern ging in Stammeln über und versiegte zugleich mit dem Licht. Seufzer wurden laut, und in der plötzlichen Stille, die dem Krachen einer brechenden See folgte, sagte einer müde: »Nun ist der verdammte Holländer ganz verrückt geworden.« Einer der Leute, der mit einem Tampen um den Leib festgebunden war, schlug unaufhörlich mit der offenen Hand auf Deck. Im zunehmenden Grau des Zwielichts sah man achtern eine massige Gestalt sich erheben und auf allen vieren mit den Bewegungen eines großen Tieres behutsam näherkommen. Es war Baker, der die Reihe der Männer entlangging. Er brummte jedem einzelnen ermunternd zu und prüfte, wie er sich angebunden hatte. Einige schnaubten, die Augen halb geschlossen, wie Männer, die unter starker Hitze leiden; andere antworteten ihm mit verschlafener Stimme: »Ja! Ja! Sir!« Er ging von einem zum andern und brummte: »Ouch, wollen sie schon durchbringen.« Und dann kam es ganz unerwartet zu einem lauten Zornesausbruch unseres Ersten, weil Knowles ein langes Ende vom Läufer der Rudertalje abgeschnitten hatte. »Ouch! Solltest dich schämen – Rudertalje – weißt du nichts Besseres? – Ouch! – Vollmatrose! Ouch!« Der lahme Mann war ganz geschlagen. Er murmelte etwas von: »Brauchte doch etwas, um mich festzubinden, Sir.« – »Ouch! Festbinden – dich selbst. Bist du ein Schuster oder ein Seemann – was? Ouch! – Vielleicht brauchen wir die Talje gleich. – Ouch! Nützt dem Schiff mehr als deinen lahmen Knochen. Ouch! Behalt's jetzt, behalt's, wo du's nun schon gemacht hast.« Er kroch langsam weiter und murmelte dabei etwas vor sich hin von Männern, die schlimmer sind als Kinder. Es war eine

tröstliche Szene gewesen. Man hörte halblaute Zurufe: »Hallo
... Hallo ...« Die eben noch bedrückt vor sich hingedöst hatten,
fuhren lebhaft hoch und fragten: »Was gibt's? ... Was ist los?«
Die Antworten kamen unerwartet munter: »Der Erste hat dem
lahmen Jack wegen irgendwas den Kopf gewaschen.« – »Nein!«
... »Was hat er gemacht?« Einige lachten sogar stillvergnügt in
sich hinein. Es war wie ein Hoffnungsschimmer, wie eine Erinnerung an ruhige Tage. Donkin, der vor Angst wie betäubt
war, erwachte plötzlich wieder zum Leben und begann zu
schreien: »Hört ihn, so reden sie mit uns. Warum zieht ihm
keiner was über'n Schädel? Gebt's ihm! Gebt's ihm! Vom
Stürmann runtermachen lassen. Wir sind genausoviel wie er.
Jetzt gehen doch alle zum Teufel. Erst haben sie uns auf diesem
verrotteten Kasten verhungern lassen, und nun sollen wir für
diese üblen Schinder auch noch absaufen. Gebt's ihm!« Er
schrie in die zunehmende Dunkelheit, heulte und schluchzte:
»Gebt's ihm! Gebt's ihm!« Die Wut und Angst dieser um ihre
vermeintlichen Rechte betrogenen Kreatur stellte die Standhaf-
tigkeit der Männer auf eine größere Probe als die drohenden
Schatten der Nacht, die sich über das unaufhörliche Toben des
Sturmes legten. Von achtern hörte man den Ersten: »Wird
einer von euch das bald abstoppen, oder muß ich erst kommen?« Mehrere Stimmen riefen Donkin zu: »Halt's Maul!
... Ruhig!« Die Leute waren gereizt und zitterten vor Kälte.
»Du kriegst gleich eine von mir ans Maul«, sagte eine müde
Stimme, »die Arbeit nehm' ich dem Ersten ab.« Donkin verstummte und blieb still vor Verzweiflung liegen. Am dunklen Himmel blinkten die Sterne auf und glitzerten über eine
tintenschwarze, schaumbedeckte See, wo sich das vergängliche
blasse Leuchten in den strahlenden, weißen Schaumkronen
widerspiegelte, die der schwarze Aufruhr der See gebar. Weit
entfernt schimmerten die Sterne im Reich der ewigen Ruhe
kühl und leidenschaftslos über den Aufruhr der Erde, sie

umringten das besiegte und gepeinigte Schiff von allen Seiten: unbarmherziger als die Augen eines triumphierenden Mobs und so unnahbar wie die Herzen der Menschen.

Unter der düsteren Pracht des Himmels heulte frohlockend der eisige Südwind und schüttelte die Männer mit unwiderstehlicher Gewalt, als wollte er sie in Stücke reißen. Ungehörte Seufzer entschlüpften den starren Lippen. Stammelnd beklagten sich einige, »kein Gefühl mehr in den Beinen zu haben«, während jene, die ihre Augen geschlossen hielten, die Empfindung hatten, ein Eisblock läge auf ihrer Brust. Andere merkten bestürzt, daß sie kein Gefühl mehr in den Fingern hatten, und schlugen kraftlos mit ihren Händen auf das Deck – hartnäckig und erschöpft. Wamibo starrte ausdruckslos und verträumt vor sich hin. Die Skandinavier setzten zähneklappernd ihr sinnloses Gemurmel fort. Die sparsamen Schotten waren angestrengt bemüht, ihre Unterkiefer stillzuhalten. Die Männer von der Westküste lagen in ihrer Rauheit unerschüttert breit und gelassen da. Ein Mann gähnte und fluchte abwechselnd. Ein anderer zog den Atem mit einem Rasseln in der Kehle ein. Zwei ältere, wetterfeste Fahrensleute, die unbeweglich nebeneinandersaßen, flüsterten niedergeschlagen miteinander über eine Logiswirtin in Sunderland, die sie beide kannten. Sie priesen ihre mütterliche Fürsorge und Freigebigkeit und versuchten, sich den Rinderbraten und das gemütliche Feuer unten in der Küche in allen Einzelheiten auszumalen. Schließlich erstarben ihnen die Worte auf den Lippen und verklangen in schwachen Seufzern. Eine Stimme schrie in die kalte Nacht: »O Gott!« Keiner rührte sich oder nahm irgendwelche Notiz von dem Schrei. Nur ein oder zwei strichen sich zerstreut mit der Hand übers Gesicht, während die meisten sich ganz still verhielten. Bei der lähmenden Unbeweglichkeit ihrer Körper wurden sie ungewöhnlich heftig von ihren Gedanken gequält, die sie mit dem Ungestüm und der Lebhaftigkeit von Träumen überfielen. Ab und zu hörte man einen jähen erschrockenen Ausruf, womit sie die geisterhaften Stimmen ihrer Einbildungskraft beantworteten, dann wieder verharrten sie in Schweigen und träumten von bekannten Gesichtern und vertrauten Dingen. Sie erinnerten sich an das Aussehen längstvergessener Schiffskameraden und hörten die Stimmen früherer, verstorbener Kapitäne. Sie erinnerten sich an die Geschäftigkeit gaserleuchteter Straßen, an die dunstige Schwüle der Wirtshäuser oder an die sengende Sonnenhitze windstiller Tage auf See.

Der Erste verließ seinen unsicheren Platz und kroch mit Unterbrechungen das Achterdeck entlang. Im Dunkel und auf allen vieren glich er einem Raubtier, das unter Leichen umherstreicht. Vorn in Luv der Poop sah er, gegen einen Stützen gepreßt, auf das Oberdeck hinab. Es schien ihm, als ob das Schiff die Neigung hätte, sich etwas aufzurichten. Der Wind hatte ein wenig abgeflaut, dachte er, aber der Seegang war unverändert hoch. Weißer Schaum bedeckte die tobende See, und die Leeseite des Schiffes verschwand darin wie in kochender Milch, während ein gleichmäßig tiefer Ton in der Takelage schwang und der Wind bei jedem Aufbäumen des Schiffes mit langgezogenem Heulen zwischen die Masten und Rahen fuhr. Völlig regungslos beobachtete Baker das Schiff. Plötzlich begann ein Mann in seiner Nähe laut loszuplappern, als hätte ihn die Kälte brutal übermannt. Er schrie: »Ba – ba – ba – brrr – brrr – ba – ba.« – »Hör auf damit!« brüllte der Erste, wobei er in der Dunkelheit umhertastete. »Hör auf!« Er schüttelte dabei das Bein, das er zu fassen bekommen hatte. »Was gibt's, Sir?« rief Belfast in einem Ton, als sei er plötzlich aus dem Schlaf gerissen worden. »Wir passen hier auf Jimmy auf.« – »Tut ihr das? Ouch! Dann macht nicht diesen Krach. Wer ist das neben dir?« – »Ich bin's, der Bootsmann, Sir«, brummte der Mann von der Westküste, »wir versuchen den armen Teufel am Leben zu erhalten.« – »Aye! Aye!« gab Baker zur

Antwort. »Macht das leise, ja.« – »Er will, daß wir ihn über die Reling halten«, fuhr der Bootsmann gereizt fort, »er meint, daß er hier unter unsern Jacken keine Luft kriegt. Wenn wir ihn hochheben, dann geht er uns über Bord«, sagte eine andere Stimme. »Wir können vor Kälte unsere Hände nicht mehr fühlen.« – »Das ist mir egal, ich ersticke!« rief James Wart mit durchdringender Stimme. »O nein, mein Sohn«, sagte der Bootsmann wütend, »du gehst nicht, bevor wir alle in dieser schönen Nacht verschwinden.« – »Ihr werdet noch viel Schlimmeres erleben«, sagte der Erste freundlich. »Das ist kein Kinderspiel, Sir!« gab der Bootsmann zurück. »Einigen von uns da weiter achtern geht's ziemlich schlecht.« – »Wenn man die verdammten Knüppel gekappt hätte, dann läg' sie wieder gerade wie jedes anständige Schiff, und wir alle hätten noch eine Chance«, sagte einer seufzend. »Der Alte wollte aber nicht... kümmert sich gerade viel um uns«, flüsterte ein anderer. – »Kümmert sich um euch!« rief Baker ärgerlich aus. »Warum sollte er sich um euch kümmern? Seid ihr vielleicht ein Haufen weiblicher Passagiere, daß man sich um euch kümmern müßte? Wir sind dazu da, um uns um das Schiff zu kümmern – und einige von euch scheinen das noch nicht zu wissen. Ouch! ... Einige von euch nehmen nicht mal den kleinsten Windhauch hin, ohne gleich zu heulen.« – »Oho, Sir! So schlecht sind wir auch nicht«, protestierte Belfast mit vor Kälte zitternder Stimme, »wir sind nicht... brrr...« – »Schon wieder«, schrie der Erste und schnappte mit den Händen nach der schattenhaften Gestalt. »Schon wieder! ... Was, du bist ja im Hemd! Was hast du gemacht?« – »Ich hab' mein Ölzeug und meine Jacke über den halbtoten Nigger da gelegt – und er sagt, er erstickt«, gab Belfast mürrisch zur Antwort. – »Du würdest mich nicht Nigger nennen, wenn ich nicht halbtot wäre, du irischer Lump!« fuhr James Wart dazwischen. – »Und du wärst nicht weiß, wenn's dir noch so gut ginge... ich schlag mich mit dir

97

... brrr ... bei gutem Wetter ... brrr mit einer Hand auf den Rücken gebunden ... brrr.« – »Ich brauch' deine Lappen nicht – Luft will ich haben«, keuchte Jimmy schwach, als sei seine Kraft mit einem Mal aufgebraucht.

Zischend und prasselnd schlugen die Brecher an Deck. Der zänkische Wortwechsel hatte die Leute aus ihrer friedlichen Erstarrung aufgeschreckt; sie stöhnten und fluchten. Baker kroch etwas weiter nach Lee, wo die hohe Wassertonne stand. Undeutlich war davor etwas Weißes zu sehen. »Bist du's?« fragte der Erste. Er mußte die Frage zweimal wiederholen, bis sich der Koch hüstelnd umwandte. »Ja, Sir, ich hab' still für mich gebetet und um eine rasche Erlösung gefleht, denn ich bin bereit, jedem Ruf zu folgen ... Ich –« – »Hör zu, Koch«, unterbrach ihn der Erste, »die Leute kommen vor Kälte um.« – »Kälte!« sagte der Koch düster. »Denen wird's bald warm genug sein.« – »Was?« fragte Baker, wobei er längs Deck in das mattglänzende, schäumende Wasser blickte. »Es ist eine gottlose Bande«, fuhr der Koch feierlich, aber mit unsicherer Stimme fort, »so gottlos wie jede Schiffsbesatzung in dieser sündigen Welt. Jetzt, ich ...« Er zitterte so, daß er kaum sprechen konnte. Mit angezogenen Knien saß er auf seinem exponierten Platz. Er hatte nur ein dünnes Hemd und ein Paar leichte Hosen an. Bebend ließ er die Schauer brennender Salztropfen über sich ergehen. Seine Stimme klang erschöpft. »Also ich, zu jeder Zeit ... mein Ältester, Herr Baker ... ein aufgeweckter Junge ... den letzten Sonntag, den ich vor dieser Reise an Land war, wollte er nicht zur Kirche gehen, Sir. Sag' ich, ›du gehst jetzt und ziehst dich ordentlich an, oder ich will den Grund wissen, warum nicht!‹ Was macht er? ... Tümpel, Herr Baker – fällt mit seinem besten Zeug in den Tümpel ... Zufall? ... ›Nichts rettet dich davor, auch deine Schulweisheit nicht!‹ sag ich ... Zufall! ... Ich hab' ihn verprügelt, Sir, bis ich meinen Arm nicht mehr hochheben konnte ...«

Seine Stimme versagte. »Ich verprügelte ihn«, wiederholte er zähneklappernd. Und dann nach einer Weile gab er einen kläglichen Laut von sich, der halb Stöhnen, halb Schnarchen war. Baker rüttelte ihn an den Schultern. »He, Koch, halt' dich steif! Podmore! Sag' mal, ist da noch Frischwasser im Kombüsentank? Das Schiff liegt nicht mehr so hart über, mein' ich, ich will versuchen, nach vorn zu kommen. Ein bißchen Wasser würde den Leuten gut tun. Hallo! Paß auf! Paß auf!« Der Koch kam mühsam hoch. »Nicht Sie, Sir, nicht Sie!« Er begann nach Luv zu kriechen. »Kombüse, meine Sache!« schrie er. – »Jetzt wird der Koch verrückt«, sagten einige Stimmen. »Verrückt bin ich, so?« kam es gellend zurück. »Ich bin eher zum Sterben bereit als irgendeiner von euch, die Offiziere einbegriffen – dort! Solange sie schwimmt, werd' ich kochen. Ich werd' euch Kaffee machen.« – »Koch, du bist ein feiner Kerl!« rief Belfast. Aber der Koch war schon auf der Luvtreppe. Er blieb einen Augenblick stehen und brüllte zurück: »Solange sie schwimmt, werd' ich kochen!« und verschwand, als wäre er über Bord gegangen. Die Männer, die ihn gehört hatten, spendeten ihm Beifall, der wie das Wimmern eines kranken Kindes klang. Eine Stunde oder noch länger danach sagte jemand mit Bestimmtheit: »Der ist endgültig weg!« – »Sieht so aus«, pflichtete der Bootsmann bei. »Schon bei gutem Wetter benahm er sich an Deck so fix wie eine Milchkuh auf ihrer ersten Reise. Wir sollten uns mal nach ihm umsehen.« Keiner rührte sich. Während sich die Stunden langsam durch die Dunkelheit hinzogen, kroch der Erste verschiedene Male auf der Poop hin und her. Einige von den Leuten glaubten gehört zu haben, wie er mit dem Kapitän leise sprach; aber zu der Zeit war das Erinnerungsvermögen unvergleichlich stärker als alles Gegenwärtige, und sie waren sich nicht ganz sicher, ob sie das undeutliche Gespräch jetzt oder schon vor Jahren gehört hatten. Sie versuchten der Sache gar nicht auf den Grund zu kommen.

Ein Gemunkel mehr oder weniger spielte nun keine Rolle mehr. Die Kälte tötete jede Neugier und auch fast jede Hoffnung. Sie waren innerlich so von dem Wunsch zu leben durchdrungen, daß sie für nichts sonst Zeit oder auch nur einen Gedanken übrig hatten. Und dieser Wunsch zu leben, hielt sie aufrecht, machte sie unempfindlich und ausdauernd gegen die grausame Hartnäckigkeit des Sturms und der Kälte. Unterdessen kreiste die sternenübersäte schwarze Kuppel des Himmels langsam über das dahintreibende Schiff, das ihre Geduld und ihre Leiden durch die stürmische Einsamkeit trug.

Dicht aneinandergedrängt, kamen sie sich doch furchtbar verlassen vor. Sie hörten langanhaltende, laute Geräusche, dann wieder mußten sie die Last des Daseins durch lange Stunden unergründlicher Stille tragen. Sie sahen in der Nacht den Schein der Sonne und fühlten ihre Wärme; und dann wieder fuhren sie erschrocken auf bei dem Gedanken, daß die Sonne nie wieder über dieser frierenden Welt aufgehen werde. Einige hörten Gelächter, lauschten Gesängen; andere, achtern auf der Poop, konnten laute menschliche Schreie hören und waren überrascht, daß sie die Schreie auch noch hörten, als sie die Augen öffneten – wenn auch nur sehr schwach und aus weiter Ferne. Der Bootsmann sagte: »Was, es ist der Koch, glaub' ich, der vorn ruft.« Er konnte seinen eigenen Worten kaum glauben oder seine eigene Stimme erkennen. Es dauerte lange, bis der Mann neben ihm ein Lebenszeichen von sich gab. Er stieß seinen Nachbarn hart an und sagte: »Der Koch ruft!« Viele verstanden nicht, andere kümmerten sich nicht darum; die Mehrzahl, weiter achtern, glaubte es nicht. Aber der Bootsmann und noch ein Mann hatten den Mut, nach vorn zu kriechen, um nachzusehen. Sie schienen Stunden fortzubleiben und waren sehr schnell vergessen. Dann ergriff die Männer, die in hoffnungslose Resignation versunken waren, plötzlich der heftige Wunsch, um sich zu schlagen. Sie bearbeiteten einander mit Fäusten. In der Dunkelheit schlugen sie beharrlich auf alles in ihrer Nähe ein, was sich weich anfühlte, und flüsterten aufgeregt miteinander. Das kostete sie mehr Anstrengung als das Schreien: »Sie haben heißen Kaffee ... Der Bootsmann hat ihn ...« – »Nein! ... Wo? ...« – »Da kommt er! Der Koch hat ihn gemacht.« James Wart stöhnte. Donkin kroch in seiner boshaften Art auf allen vieren hin, ohne sich darum zu kümmern, wohin er trat, in der einzigen Sorge, daß die Offiziere nichts davon bekommen sollten. Der Kaffee kam in einer Kanne, und sie tranken der Reihe nach. Er war heiß, und als er ihnen schon auf dem Gaumen brannte, schien ihnen alles noch unglaublich. Sie stießen einen Seufzer aus, wenn sie die Kanne weitergaben: »Wie hat er das gemacht?« Und einige riefen matt: »Gut gemacht, Smut!«

Irgendwie hatte er es fertiggebracht. Später erklärte Archie, die Sache sei »wunnerbar«. Wir kamen tagelang nicht aus dem Staunen heraus, und bis zum Ende der Reise blieb es ein immer wieder interessanter Gesprächsstoff. Als wir wieder gutes Wetter hatten, fragten wir den Koch, wie ihm zumute war, als er seinen Kombüsenherd »über Kopf« vor sich sah. Neugierig erkundigten wir uns an den ruhigen Abenden im Nord-Ost-Passat, ob er selbst auch auf dem Kopf stehen mußte, um mit dem Kochen klarzukommen. Wir meinten dann, er habe wohl seine Backmulde als Floß benutzt und von da aus das Feuer geschürt. Wir taten jedenfalls alles, um unsere Bewunderung unter einer gewissen witzigen Ironie zu verbergen. Er versicherte uns, von nichts etwas zu wissen, schalt uns wegen unserer Leichtfertigkeit aus und erklärte feierlich, er sei das Werkzeug besonderer Gnade gewesen, um unser sündhaftes Leben zu retten. Aber er hätte deswegen nicht so herablassend sein sollen. Er erinnerte uns zu oft daran, daß es uns allen schlecht ergangen wäre, wenn nicht er vermöge seiner Sündenreinheit die Eingebung und Kraft für dieses Gnadenwerk empfangen hätte. Wären wir durch seine Unbekümmertheit oder seine Gewandtheit gerettet worden, so hätten wir uns schließlich mit dieser Tatsache abgefunden; aber zuzugeben, daß wir es nur der Tugendhaftigkeit und Heiligkeit eines Mannes verdanken sollten, das fiel uns ebenso schwer wie wohl jedem in dieser Lage. Wie so viele Wohltäter der Menschheit nahm sich auch der Koch selbst zu ernst und erntete dafür Unehrerbietigkeit. Dabei waren wir gar nicht undankbar. Er blieb unser Held. Sein Ausspruch – der Ausspruch seines Lebens – wurde unter uns sprichwörtlich, wie es die Aussprüche von Eroberern und Weisen sind. Jedesmal, wenn sich später einer von uns vor eine schwere Aufgabe gestellt sah und den Rat bekam, die Sache aufzugeben, dann drückte er seinen Entschluß weiter auszuhalten mit den Worten aus: »Solange sie schwimmt, werde ich kochen!«

Der heiße Trank half uns über die öden Stunden hinweg, die der Morgendämmerung vorausgingen. Nahe am Horizont nahm der Horizont eine zartrosa und gelbliche Tönung an, wie die Innenseite einer seltenen Muschel; und oben am Firmament, wo der Himmel im Perlenglanz schimmerte, erschien wie ein vergessenes Bruchstück der Nacht eine kleine schwarze Wolke, die mit einem Kranz glänzenden Goldes eingefaßt war. Die ersten Lichtstrahlen zitterten über die aufgewühlte See. Die Augen der Leute wandten sich der aufgehenden Sonne zu, die ihre müden Gesichter mit ihrem Schein überflutete. Sie ergaben sich ihrer Erschöpfung, als wäre es ein für allemal mit ihrer Arbeitskraft vorbei. Auf Singletons schwarzem Ölmantel glänzte das getrocknete Salz wie Rauhreif. Mit offenen Augen hing er wie leblos am Ruder. Kapitän Allistoun blickte mit starren Augen in die aufgehende Sonne. Seine Lippen zuckten und öffneten sich zum ersten Mal nach vierundzwanzig Stunden, und mit fester, kräftiger Stimme rief er: »Klar zum Halsen!«

Wie von einem Peitschenhieb getroffen fuhren die erstarrten Männer bei dem scharfen Kommandoton hoch. Dann aber versanken sie sogleich wieder in ihre Regungslosigkeit, und nur die Macht der Gewohnheit ließ einige von ihnen den Befehl mit kaum vernehmbarer Stimme wiederholen. Kapitän Allistoun sah mit einem flüchtigen Blick auf seine Mannschaft, worauf einige mit tapsigen Händen und hoffnungslosen Bewegungen versuchten, sich von ihren Verschnürungen freizumachen. Ungeduldig wiederholte der Kapitän: »Halsen! Also los, Herr Baker, bringen Sie die Leute in Gang. Was ist mit denen los?« – »Halsen! Hört ihr da! Halsen!« donnerte plötzlich der Bootsmann. Seine Stimme schien den tödlichen Bann zu brechen. Die Leute begannen sich zu rühren und weiterzukriechen. »Ich will das Vorstengestagsegel schnell gesetzt haben«, sagte der Kapitän sehr laut, »und wenn ihr's nicht stehend fertigbringt, dann müßt ihr's liegend tun – das ist alles, und nun los dafür!« – »Kommt her! Geben wir dem alten Mädchen eine Chance«, spornte der Bootsmann an. – »Aih! Aih! Halsen!« hörte man einige stammeln. Mit unwilligen Mienen schickten sich die Leute an, nach vorn zu gehen. Der Erste drängte sich auf allen vieren vor und wies ihnen den Weg. Sie folgten ihm nach, bis auf ein paar, die still liegenblieben mit der feigen Hoffnung im Herzen, daß man keine Bewegung mehr von ihnen verlangen würde, bis sie in Frieden gerettet oder ertrunken wären.

Nach einiger Zeit konnte man die Männer auf der Back auftauchen sehen. Einer nach dem andern erschien dort in unsicherer Haltung. Sie hingen an der Reling, kletterten mühsam über die Anker, umarmten den Kreuzkopf des Ankerspills oder hielten sich am Gangspill fest. Sie waren unermüdlich in ihren eigenartigen Anstrengungen, schwenkten die Arme, knieten nieder, legten sich flach hin, standen taumelnd wieder auf und schienen es mit aller Gewalt darauf abgesehen zu haben, über

Bord zu gehen. Plötzlich flatterte ein kleines Stück Segeltuch zwischen ihnen auf und wurde heftig schlagend größer. Seine schmale Spitze stieg ruckweise höher, und zu guter Letzt stand es aufgebläht und dreieckig im Sonnenschein. »Sie haben es geschafft!« schrien die Leute achtern. Kapitän Allistoun ließ das Tauende fahren, das er um sein Handgelenk hatte, und rollte kopfüber nach Lee. Man sah, wie er die Großbrassen loswarf, während die Seen an Deck über ihn hinwegschlugen. »Großrah vierkant!« schrie er zu uns herauf, als wir ihn verwundert anstarrten. Wir zögerten, uns vom Fleck zu rühren. »Die Großbrass', Leute, holt, holt weg endlich! Legt euch rein und holt!« schrie er halb ertrunken von unten herauf. Wir glaubten nicht, daß wir die Großrah auch nur bewegen könnten. Aber die Stärksten und am wenigsten Entmutigten versuchten den Befehl auszuführen. Mit halbem Herzen halfen die andern mit. Singletons Augen leuchteten plötzlich auf, als er von neuem in die Spaken griff. Kapitän Allistoun kämpfte sich nach Luv hoch. »Holt, Leute! Versucht sie aufzuholen! Holt und helft dem Schiff!« In seinem von Nässe überströmten Gesicht arbeitete es wütend. »Fällt sie ab, Singleton?« schrie er. »Sie rührt sich noch nicht, Sir«, krächzte der alte Seemann mit furchtbar heiserer Stimme. »Paß gut auf, Singleton!« zischte der Alte. »Holt, Leute! Habt ihr nichts mehr in den Knochen? Holt weg und verdient euch wenigstens das Salz in der Suppe.« Creighton lag auf dem Rücken, sein Bein war geschwollen und sein Gesicht so weiß wie ein Stück Papier. Er kniff die Augen halb zu, und seine blauen Lippen zuckten. In dem wilden Durcheinander griffen die Leute nach ihm, sie krochen über sein verletztes Bein und knieten auf seiner Brust. Er hielt ganz still und biß die Zähne zusammen, ohne einen Seufzer oder ein Stöhnen hören zu lassen. Die Heftigkeit des Alten, die Schreie des sonst so schweigsamen Mannes feuerten uns mächtig an. Wir holten und hingen in Bündeln an den Brassen.

Wir hörten, wie er zu Donkin, der, auf dem Bauch hingestreckt, kläglich an Deck lag, mit Nachdruck sagte: »Ich schlag' dir mit diesem Belegnagel den Schädel ein, wenn du nicht an die Brasse gehst!« Und das Opfer menschlicher Ungerechtigkeit winselte feige und unverschämt: »Wollen Sie uns jetzt umbringen?« Dabei griff er mit verzweifelter Wut nach dem Tau. Man hörte Männer seufzen, laut schreien, sinnlose Worte zischen und stöhnen. Die Rahen bewegten sich langsam gegen den Wind, der laut an den Rahnocken vorbeiheulte, und kamen vierkant. – »Sie fällt ab, Sir!« brüllte Singleton. »Sie kommt jetzt!« – »Nimm Törn mit der Brasse, nimm Törn!« brüllte der Alte. Creighton, halberstickt und unfähig, sich zu rühren, machte eine gewaltige Anstrengung, bis es ihm gelang, mit der linken Hand die Brasse zu belegen. »Alles fest!« schrie jemand. Er schloß die Augen, als wollte er ohnmächtig werden, während wir in einem Haufen bei den Brassen standen und mit ängstlichen Blicken darauf warteten, was das Schiff jetzt tun würde.

Die *Narzissus* drehte langsam ab, als sei sie ebenso müde und mutlos wie die Männer, die sie trug. Ganz allmählich fiel sie ab. Wir hielten dabei den Atem an, bis wir fast erstickten. Aber sobald der Wind achterlicher als dwars einkam, kam auch Leben in das Schiff, und unsere Herzen schlugen wieder schneller. Es war schrecklich anzusehen, wie das nahezu gekenterte Schiff wieder Fahrt aufnahm und seine halb unter Wasser liegende Seite mitschleppte. Schäumend brachen sich die Brecher an den Juffern der Wanten. Die untere Hälfte des Decks war voll von wirren Strudeln und Wirbeln, und unter diesem schäumenden Gischt, der wie ein Schneefeld weiß erstrahlte, zeichneten sich ab und zu die dunklen Umrisse der langgestreckten Leereling ab. Schrill pfiff der Wind in der Takelage, und jedesmal, wenn das Schiff leicht überholte, glaubten wir, daß es sich ganz auf die Seite legen und unter unsern Füßen wegsacken würde.

Hatte die *Narzissus* vorher wie tot dagelegen, so machte sie nun den ersten deutlichen Versuch, sich aufzurichten, und wir ermutigten sie dazu mit einem schwachen, mißtönenden Geheul. Eine mächtige See kam von achtern aufgelaufen und hing einen Augenblick lang mit ihrer schaumigen Krone über uns, brach dann unter der Gillung nieder und zerfloß nach beiden Seiten in eine große Fläche brodelnden Schaumes. Mitten im wütenden Gezisch der brechenden See hörten wir Singleton krächzen: »Sie steuert!« Er stand jetzt wieder mit beiden Füßen fest auf der Gräting und ließ das Rad schnell herumwirbeln, als er mit dem Ruder aufkam. »Laß den Wind von Backbord achtern einkommen und dann stütz mit!« rief der Kapitän ihm zu, während er sich taumelnd abmühte, als erster von uns allen, die wir in einem erschöpften Haufen dalagen, wieder auf die Beine zu kommen. Einige schrien vor Aufregung: »Sie kommt hoch!« Weit vorn sah man den Ersten und noch drei Männer aufrecht dastehen. Ihre Gestalten hoben sich schwarz vom klaren Himmel ab. Sie hatten die Arme erhoben, und ihr Mund stand weit offen. Es sah aus, als ob sie alle zusammen uns etwas zubrüllen wollten. Das Schiff zitterte, als es sich wieder aufzurichten versuchte, dann fiel es zurück, um scheinbar kraftlos erneut unterzutauchen, und plötzlich schwang es mit einem unvermuteten Ruck nach Luv, als habe es sich einer tödlichen Umklammerung entrissen. Die ganze ungeheure Wassermenge, die es mit seinem Deck anhob, wurde mit einem Schwung nach Steuerbord geschleudert. Man hörte lautes Krachen – die eisernen Wasserpforten donnerten mit lauten Schlägen gegen die Bordwand. Das Wasser stürzte über die Steuerbordreling mit der Gewalt eines Flusses, der über seine Deiche tritt. Das an Deck flutende Wasser mischte sich unter ohrenbetäubendem Gebrüll mit der tobenden See zu beiden Seiten des Schiffes. Die *Narzissus* rollte schwer. Wir kamen hoch und wurden hilflos von einer Seite zur andern geschleudert. Und während wir übereinanderfielen, schrien einige laut auf: »Das Deckshaus geht über Bord!« – »Sie kommt frei!« Eine gewaltige See hob das Schiff hoch und riß es einen Augenblick mit sich fort, während Ströme von Wasser aus allen Öffnungen seiner wunden Seite liefen. Die Leebrassen wurden fortgeschwemmt oder von den Belegnägeln gewaschen, so daß die schweren Rahen bei jedem Überholen des Schiffes mit furchterregender Schnelligkeit hin und her schwangen. Man sah, wie die Leute im Vorschiff sich bald hierhin, bald dorthin duckten und mit ängstlichen Blicken nach oben sahen, nach den gewaltige Rahen, die über ihren Köpfen umherwirbelten. Zerrissene Fetzen Segeltuch und die Enden gebrochener Taue flatterten wie Haarsträhnen im Wind. Blindlings stürmte das Schiff im hellen Sonnenschein durch den Aufruhr und Tumult der See, aufgelöst und ungestüm, als liefe es um sein Leben, indes wir auf der Poop laut lärmend umhertaumelten und schwankten. Wir waren verstört und redeten alle zur gleichen Zeit unsinniges Zeug. Wir hatten das Aussehen Kranker und die Gebärden Verrückter. Aus verzerrt lächelnden, mageren Gesichtern, die wie mit Kalk gepudert aussahen, glänzten große, verstörte Augen. Wir stampften mit den Füßen an Deck auf, klatschten in die Hände und fühlten uns stark genug, irgendwohin zu springen oder irgend etwas zu tun – und konnten uns doch in Wirklichkeit kaum auf den Beinen halten. Ungebeugt stand die schlanke Gestalt Kapitän Allistouns achtern auf der Poop und winkte wie verrückt Baker zu: »Die Vorrahen fest! Macht sie fest, so gut es geht!« Die Männer auf dem Oberdeck liefen, von seinen Schreien aufgescheucht, ziellos und völlig durchnäßt bald hierhin, bald dorthin, wobei ihnen der Gischt bis an die Brust hochschlug. Abgesondert von allen, stand ganz achtern der alte Singleton einsam am Ruder. Bedächtig hatte er seinen weißen Bart unter den obersten Knopf seines vor Nässe glänzenden Mantels gesteckt. Von allen vergessen, stand

107

er dort, still und unbeweglich, die zuverlässigen, alten Augen nach vorn auf das Schiff gerichtet, das in der tobenden See rollend und stampfend vorwärts stürmte. An seiner aufrechtstehenden Gestalt bewegten sich nur die beiden Arme. Schnell und aufmerksam bediente er das Ruder, indem er das Rad im schnellen Wirbel kreisen ließ oder mit kräftiger Hand hemmend in die wirbelnden Spaken griff. Er steuerte mit Bedacht.

IV

Die unsterbliche See in ihrer vollendeten Weisheit und Gnade läßt den Männern, die ihrer Willkür ausgeliefert sind, Gerechtigkeit widerfahren: Sie erfüllt ihr Begehren nach einem Leben der Unrast und versagt ihnen zugleich die Muße, über den seltsam gemischten und scharfen Geschmack des Daseins zu grübeln. Ohne Unterlaß müssen sie ihr Leben vor der ewigen Barmherzigkeit rechtfertigen. Sie sind dazu verurteilt, ihre schwere Bürde unablässig zu tragen, von Sonnenaufgang bis Sonnenuntergang und von Sonnenuntergang bis Sonnenaufgang, bis die quälende Folge der Nächte und Tage, die durchraunt ist vom uralten Verlangen nach Glückseligkeit und einem leeren Himmel, das ihr Gegengewicht findet in schweigender Mühe und Arbeit, in der dumpfen Furcht und dumpfen Tapferkeit unbeachteter, vergeßlicher und standhaft ausharrender Männer.

Als sich der Kapitän und der Erste Offizier wieder Auge in Auge gegenüberstanden, starrten sie sich einen Augenblick lang eindringlich und erstaunt an, wie Männer, die sich nach Jahren voller Unbill wiedersehen. Beide hatten ihre Stimme verloren und konnten nur miteinander flüstern. »Fehlt jemand?« fragte Kapitän Allistoun. »Nein. Sind alle da.« – »Jemand verletzt?« – »Nur der Zweite Steuermann.« – »Ich werd' mich gleich um ihn kümmern. Glück gehabt.« – »Sehr viel«, brachte Baker mühsam heraus. Er hielt sich an der Reling fest und rollte seine blutunterlaufenen Augen. – Der kleine graue Mann machte verzweifelte Anstrengungen, seiner Stimme mehr als einen heiseren Klang abzugewinnen, und sah seinen

Ersten Steuermann mit einem kalten stechenden Blick an. »Lassen Sie Segel setzen«, sagte er im befehlenden Ton und preßte seine schmalen Lippen fest zusammen. »Sehen Sie zu, daß wir so schnell wie möglich Segel gesetzt kriegen. Der Wind ist günstig. Sofort, Sir – lassen Sie die Leute gar nicht erst zu sich kommen, sonst klappen sie uns zusammen und werden störrisch, und wir werden nie... wir müssen jetzt in Gang kommen...« Der Kapitän taumelte, als das Schiff weit überholte und die Reling in das leuchtende, zischende Wasser eintauchte. Er bekam ein Hooftau zu fassen und stieß hilflos gegen den Ersten... »Jetzt haben wir endlich guten Wind. Setzen Sie Segel!« Sein Kopf rollte zwischen den Schultern hin und her, und seine Augenlider begannen heftig zu zucken. »Und die Pumpen – Pumpen, Herr Baker.« Er sah dabei den Ersten so angestrengt an, als wäre das nur eine Handbreit von ihm entfernte Gesicht eine halbe Meile weit weg. »Halten Sie die Leute in Gang, damit wir weiterkommen«, murmelte er schlaftrunken, als wäre er kurz vor dem Einschlafen. Dann riß er sich plötzlich zusammen. »Darf nicht stehenbleiben. Geht nicht«, sagte er mit einem schwachen Versuch zu lächeln. Er riß sich los und lief, als das Heck tief eintauchte, gegen seinen Willen ein paar Schritte nach achtern, bis er am Kompaß zu stehen kam. Er hielt sich daran fest und blickte wie abwesend zu Singleton hinauf, der, ohne seinen Kapitän zu beachten, die Spitze des Klüverbaums besorgt im Auge behielt. »Wie steuert sie?« fragte der Kapitän. In der Kehle des alten Matrosen gab es ein Geräusch, als rasselten die Worte durcheinander, ehe sie herauskommen konnten. – »Steuert... wie ein kleines Boot«, sagte er endlich mit rauher Zärtlichkeit, ohne den Kapitän auch nur flüchtig anzusehen. Dann legte er das Ruder bedachtsam über, stützte mit und drehte es wieder zurück. Kapitän Allistoun riß sich mit Gewalt aus der Behaglichkeit los, in der er sich gegen das Kompaßhäuschen hatte lehnen können, und begann schwankend und taumelnd auf der Poop weiterzugehen, eifrig bedacht, nicht das Gleichgewicht zu verlieren.

Die Kolben der Pumpe am Fuße des Großmasts stampften in kurzen stumpfen Stößen, während sich die Schwungräder geschmeidig mit großer Geschwindigkeit drehten und die in zwei Bündeln an den Handgriffen hängenden Männer in regelmäßigen Abständen ruckweise hin und her rissen. Mit zuckenden Gesichtern und starrblickenden Augen schwangen ihre Oberkörper haltlos vorwärts und zurück. Der Zimmermann, der von Zeit zu Zeit den Wasserstand peilte, rief dabei mechanisch aus: »Los! Halt sie in Gang!« Der Erste konnte nicht sprechen, aber es gelang ihm zu brüllen, und von seinem Schimpfen angetrieben, überholten die Männer Laschings, trugen sie neue Segel an Deck, und obgleich sie glaubten, keine Bewegung mehr ausführen zu können, schleppten sie schwere Blöcke in die Takelage und klarierten das laufende Gut. Sie gingen mit unsicheren, krampfhaften Bewegungen nach oben. Es schwindelte ihnen, wenn sie sich weitertasteten und einen neuen Halt suchten. Blindlings traten sie, als wäre es dunkel, auf die Rahen hinaus, und mit der gleichen Fahrlässigkeit vertrauten sie sich dem ersten besten Tau an. Sie waren völlig erschöpft, und der matte Schlag ihrer Herzen wurde nicht schneller, wenn sie mit knapper Not einem Sturz entgingen. Das Toben der kochenden See weit unter ihnen klang unaufhörlich wie ein schwaches undeutliches Geräusch aus einer anderen Welt zu ihnen herauf. Der Wind trieb ihnen die Tränen in die Augen und versuchte sie von ihren unsicheren Plätzen zu wehen. Mit vor Nässe triefenden Gesichtern und wehendem Haar flogen sie zwischen Himmel und Erde auf und nieder: rittlings auf den Rahnocken sitzend, auf Fußpferden hockend, Toppnanten umarmend, um die Hände frei zu haben, oder aufrecht bei den eisernen Ketten der Drehreeps stehend. Ihre Gedanken schwankten unsicher zwischen dem Wunsch zu leben und dem

Wunsch nach Ruhe, während sie mit steifen Fingern Nock-
bändsel lösten, tastend nach ihren Messern suchten oder sich
mit den Händen zäh im heftig schlagenden Segeltuch fest-
krampften. Sie sahen sich mit wilden Blicken an, fuchtelten
mit einer Hand zeichengebend umher, während sie in der andern ihr Leben hielten. Sie sahen auf den schmalen Streifen
überfluteten Decks hinab und schrien nach Lee hinüber: »Hol
auf! Hol aus! Mach fest!« Ihre Lippen bewegten sich, und die
Augen traten ihnen vor Anstrengung aus dem Kopf in dem
Bemühen, sich gegenseitig verständlich zu machen; doch der
Wind trieb ihre Worte ungehört in die aufgewühlte See hinaus.
Mit unerträglicher, unendlicher Anstrengung plagten sie sich
ab, als würden sie von einem bösen Traum getrieben. Bald er-
glühten ihre Körper wie im Fieber, bald zitterten sie vor Kälte.
Ihre Augen schmerzten ihnen wie im Rauch einer Feuers-
brunst, und bei jedem Schrei schien ihnen der Kopf zerspringen
zu wollen. Es war, als ob sich Krallen um ihre Kehlen legten.
Bei jedem Überholen des Schiffes dachten sie: ›Jetzt muß ich
loslassen. Wir werden alle von oben geschleudert.‹ Und während sie oben hin und her geworfen wurden, hörte man sie wie
wild rufen: »Paß auf dort! Fang das Ende!« ... »Scheer klar!«
... »Dreh! Den Block da! ...« Sie nickten verzweifelt mit dem
Kopf, machten wütende Gesichter. »Nein! Nein! Von unten
nach oben!« Es schien, als ob sie sich tödlich haßten. Sie hatten
nur den einen Wunsch, mit allem fertig zu sein; und der Drang,
alles richtig zu machen, bereitete ihnen einen brennenden
Schmerz. Sie verwünschten ihr Schicksal, verfluchten ihr Leben
und verschwendeten ihren Atem in gegenseitigen, furchtbaren
Verwünschungen. Der Segelmacher hatte seinen kahlen Kopf
entblößt und arbeitete fieberhaft, dabei vergaß er ganz seine
engen Beziehungen zu so vielen Admiralen. Der Bootsmann
war bald mit Marlspikern und einem Bund Schiemannsgarn
auf dem Weg in die Takelage, bald kniete er auf der Rah, um

einen Törn mit dem Mittelbändsel zu nehmen, dabei sah er plötzlich im Geiste seine Alte mit den Kindern daheim in ihrem Heidedorf vor sich. Steuermann Baker fühlte sich sehr matt und wankte brummend bald hierhin, bald dorthin, hielt aber stand. Er hatte eine eiserne Natur. Wenn die Leute von oben kamen und einen Augenblick umherstanden, um Atem zu schöpfen, dann war er auch schon da, um ihnen eine neue Arbeit zuzuteilen. Er befahl, ermutigte und schimpfte. »Los jetzt – ans Großmarssegel! Hol' die Jolle! Steht da nicht herum!« – »Gibt's für uns überhaupt keine Ruhe mehr?« hörte man Stimmen murmeln. Der Erste fuhr wütend herum, und es war ihm selbst gar nicht wohl dabei, als er schrie: »Nein! Kein Ausscheiden, bis die Arbeit getan ist. Arbeitet, bis ihr umfallt. Dazu seid ihr da!« Ein alter Matrose hinter ihm lachte kurz auf. »Halt' aus oder stirb!« krächzte er verbittert, spuckte in seine breiten Hände, schwang seine langen Arme hoch und griff nach dem Tau über seinem Kopf, worauf er mit einem wehleidig klingenden Aufschrei zum gemeinsamen Holen anfeuerte. Eine See brach über das Achterdeck herein und fegte sie allesamt nach der Leeseite hinüber. Mützen und Handspaken schwammen herum. Aus dem weißen Gischt ragten verkrampfte Hände, zappelnde Beine und da und dort ein prustendes Gesicht heraus. Der Erste, der mit den andern hingefallen war, brüllte: »Laßt das Ende nicht los! Haltet fest! Haltet!« Und die von dem brutalen Angriff der See wundgeschlagenen Männer hielten fest, als hätten sie das Glück ihres Lebens in ihren Händen. Das Schiff machte Fahrt und rollte stark. An Backbord und an Steuerbord blitzten die weißen Köpfe der vorbeirauschenden Seen auf. Die Pumpen waren lenz und die Brassen wieder eingeschoren. Wir hatten alle drei Marssegel und die Vorsegel gesetzt. Die Fahrt des Schiffes nahm zu und wurde schneller als der eilige Lauf der See. Der drohende Donner ferner Sturzseen blieb achteraus und erfüllte die Luft mit zitterndem Dröhnen. Verwüstet, zerschlagen und wund, jagte die *Narzissus* schäumend nach Norden, wie beseelt von Mut und Ausdauer.

Das Logis war ein Ort feuchter Trostlosigkeit. Mit Schrecken sahen sich die Leute ihre Behausung an. Alles triefte vor glitschiger Nässe. Der Wind strich hohl hindurch, und ringsum lagen verstreut formlose Trümmer wie in einer halbüberfluteten Grotte an einer gefährlichen, felsigen Küste. Viele hatten alles verloren, was sie besaßen; aber die meisten von der Steuerbordwache hatten ihre Seekisten gerettet, aus denen jedoch das Wasser in kleinen Bächen sickerte. Die Kojen waren durchweicht, die Decken hatten sich irgendwo an hervorstehenden Nägeln verfangen und lagen verstreut und zerdrückt am Boden. Die Leute zogen nasse Lumpen aus übelriechenden Ecken, wrangen das Wasser aus und erkannten ihr Eigentum wieder. Einige lächelten gezwungen, andere sahen sich bestürzt und stumm um. Es gab Freudenschreie über alte Wolljacken und schmerzliches Stöhnen über formlose Dinge, die sie unter den Trümmern ihrer zerschlagenen Kojenbretter wiederfanden. Unter den Bugspriet geklemmt fanden sie eine Lampe. Charley wimmerte leise. Knowles humpelte schnüffelnd herum und suchte in dunklen Ecken nach weiterem Bergungsgut. Aus einem Stiefel schüttete er schmutziges Wasser und bemühte sich, den Eigentümer ausfindig zu machen. Einige saßen, von ihren Verlusten überwältigt, auf der Vorpiekluke. Sie hatten die Ellbogen auf die Knie gestützt, die Fäuste ins Gesicht gepreßt und vermieden es aufzublicken. Knowles hielt ihnen den Stiefel unter die Nase: »Hier ist ein guter Stiefel. Ist's deiner?« Sie knurrten: »Nein, hau ab.« Einer fuhr ihn an: »Geh' zum Teufel damit.« Knowles schien überrascht. »Warum? Es ist doch ein guter Stiefel.« Plötzlich fiel ihm ein, daß er seine gesamte Habe verloren hatte, und er ließ seinen Fund fallen und begann zu fluchen. In dem trüben Licht schallten Verwünschungen durcheinander. Einer von den Leuten kam herein, blieb stehen und ließ die Arme sinken. »Verdammter alter Mist! Verdammter alter Mist!!« wiederholte er vom Türeingang aus. Einige wühlten in den durchnäßten Seekisten eifrig nach Tabak. Sie schnauften dabei und schrien sich mit gesenkten Köpfen an: »Sieh hier, Jack!« … »Hier Sam! Mein Landgangszeug ruiniert für immer.« Einer hielt ein Paar triefende Hosen hoch und stieß mit Tränen in den Augen lästernde Drohungen aus. Keiner beachtete ihn. Die Katze kam irgendwo heraus und wurde mit Hallo begrüßt. Man reichte sie von Hand zu Hand, streichelte sie und gab ihr Kosenamen. Sie fragten sich, wo die Katze wohl den Orkan »abgeritten« habe, und diskutierten darüber. Eine heftige Auseinandersetzung begann. Zwei Mann brachten eine Pütze Frischwasser herein, und alle drängten sich um sie herum. Aber Tom zwängte sich miauend und mit gesträubtem Fell vor und trank als erster. Ein paar gingen nach achtern, um Hartbrot und Petroleum zu holen.

Dann begannen sie beim gelben Schein der Lampe das Deck aufzuwischen. Zwischendurch kauten sie ihr Hartbrot und trafen Vorbereitungen, um sich irgendwie »durchzuquälen«. Man einigte sich auf die gemeinsame Benutzung der noch halbwegs trockenen Oberkojen und stellte die Reihenfolge fest, in der das Ölzeug und die Seestiefel getragen werden sollten. Mit lebhafter Stimme nannten sie sich »Alter Junge« und »Söhnchen«. Man konnte freundliche Klapse und Scherzlaute hören. Ein oder zwei streckten sich auf dem nassen Deck hin und schliefen mit dem Kopf auf den verschränkten Armen ein, andere saßen auf der Luke und rauchten. Ihre müden Gesichter schimmerten friedlich und mit glänzenden Augen durch den blauen Dunst. Der Bootsmann streckte den Kopf durch die Tür. »Einer von euch Ruder ablösen«, schrie er herein. »Es ist sechs. Verdammt, wenn der alte Singleton nicht schon länger als dreißig Stunden dort gestanden hat. Ihr seid 'ne feine Bande!« Er schlug die Tür wieder zu. »Der Erste hat Wache«, sagte jemand. »He, Donkin, es ist dein Törn!« riefen drei oder vier zugleich. Er war in eine leere Koje gekrochen und lag still auf den feuchten Brettern. »Donkin ans Ruder!« Er gab keinen Laut von sich. »Donkin ist tot«, wieherte einer. »Verkauft seine verdammten Plünnen«, rief ein anderer. »Donkin, wenn du jetzt nicht ans verdammte Ruder gehst, werden sie deine Plünnen verkaufen – hörst du«, neckte ein Dritter. Donkin stöhnte aus seiner schwarzen Höhle. Er beklagte sich über Schmerzen in allen Gliedern und winselte kläglich. »Er will nicht gehen«, rief eine Stimme verächtlich. »Dein Törn dann, Davis.« Der junge Seemann erhob sich schwerfällig und reckte sich. Donkin steckte den Kopf aus der Koje, er sah bekümmert und totenbleich aus. »Ich geb' dir auch 'n Pfund Tabak«, bettelte er weinerlich, »sobald ich ihn achtern kaufen kann. Ich will – hilf mir ...« Davis holte mit der verkehrten Hand aus, und der Kopf verschwand. »Ich geh'«, sagte Davis, »aber du zahlst mir dafür.« Unsicher, aber entschlossen eilte er zur Tür. »Das will ich auch«, schrie ihm Donkin nach, wobei er den Kopf wieder aus der Koje streckte. »Das werd' ich auch – wenn du hilfst ... ein Pfund ... drei Shilling kostet das.« Davis riß die Tür auf. »Du zahlst mir das ... wenn wir gutes Wetter haben«, rief er über die Schulter zurück. Einer der Männer knöpfte rasch seine Jacke auf und warf sie ihm an den Kopf. »Da, Taffy, nimm das, du Gauner!« – »Danke!« schallte es aus dem Dunkel über der brausenden See zurück. Man hörte ihn im Wasser davonwaten, ein Brecher schlug krachend an Deck. »Er hat sein Bad schon weg!« sagte einer der alten Seeleute grimmig. »Ja, ja!« brummten andere. Dann, nach einer langen Pause, gab Wamibo merkwürdige Laute von sich. »Hallo, was ist mit dir los?« fragte ihn jemand mürrisch. »Er sagt, er wär' gern für Davis gegangen«, erklärte Archie, der gewöhnlich den Dolmetscher für den Finnen spielte. »Ich glaub's ihm!« riefen einige ... »Kümmere dich nicht darum, Dutchy ... Du kommst schon noch früh genug dran, alter Querkopf ... Du weißt auch nicht, wann du's gut hast.« Sie verstummten alle und blickten nach der Tür. Singleton kam herein, machte zwei Schritte und blieb leicht schwankend stehen. Die See zischte und rauschte brüllend gegen den Bug, und das Logis zitterte von dem dröhnenden Lärm. Die Lampe flackerte und schwang wie ein Pendel hin und her. Singleton starrte verwirrt, wie im Traum, um sich her, als könnte er die regungslos auf ihn blickenden Männer nicht von ihren unruhigen Schatten unterscheiden. Erschrockene Ausrufe waren zu hören: »Hallo, hallo. Wie sieht's jetzt draußen aus, Singleton?« Die Männer auf der Luke blickten schweigend hoch, und der zweitälteste Matrose an Bord (die beiden verstanden einander, obgleich sie kaum drei Worte am Tage miteinander wechselten) sah seinen Freund einen Augenblick aufmerksam an, dann nahm er seine kurze Kalkpfeife aus dem Mund und hielt sie ihm wortlos hin. Singleton streckte den Arm danach aus, taumelte und griff vorbei, worauf er plötzlich vornüber stürzte und der Länge nach, steif wie ein entwurzelter Baum, an Deck fiel. Es gab ein heftiges Durcheinander. Alle drängten sich heran und schrien laut: »Er ist fertig! ... Dreht ihn um! ... Macht Platz da!« Unter einer Menge erschrockener Gesichter, die sich über ihn beugte, lag Singleton auf dem Rücken und stierte in einer unerträglichen Art unverrückt in die Luft. In der atemlosen Stille, die der allgemeinen Bestürzung folgte, murmelte er mit heiserer Stimme: »Mir geht's gut«, und verkrampfte seine Hände ineinander. Sie halfen ihm auf. Verzagt murmelte er: »Ich werd' alt ... alt.« – »Du nicht«, schrie Belfast schlagfertig und mit Zartgefühl. Von allen Seiten gestützt, ließ der alte Matrose den Kopf hängen. »Geht's dir besser?« fragten sie ihn. Mit einem durchdringenden Blick sah er sie von unten aus großen dunklen Augen an. Sein langer weißer

Bart lag wirr über seiner Brust. »Alt! Alt!« wiederholte er finster. Mit Hilfe der anderen erreichte er seine Koje. Dort lag ein schlüpfriger weicher Haufen, der wie stehendes Wasser an einem muddigen Strand roch. Es war sein durchweichter Strohsack. Mit kampfhafter Anstrengung streckte er sich darauf aus, und in dem engen dunklen Raum konnte man ihn wie ein gereiztes wildes Tier, das sich in seinem Käfig unbehaglich fühlt, ärgerlich brummen hören: »Bißchen Brise... gar nichts ... kann nicht aufstehen... alt!« Endlich schlief er ein, mit den Seestiefeln an den Füßen und dem Südwester auf dem Kopf. Sein Ölzeug knisterte, als er sich mit einem tiefen Seufzer auf die Seite drehte. Leise flüsterten sie teilnahmsvoll: »Das hält er nicht durch... kräftig wie ein Pferd... Ja, ja, aber er ist nicht mehr das, was er war...« Mit betrübtem Murmeln gaben sie ihn auf. Jedoch um Mitternacht war er zum Wachwechsel wieder da, als ob nichts geschehen wäre, und antwortete, als er aufgerufen wurde, mit einem düsteren »Hier!« Mehr denn je brütete er allein für sich, mit trübem Gesicht und in undurchdringliches Schweigen gehüllt. Jahrelang hatte er sich den »Alten Singleton« nennen hören und hatte das gelassen als einen Ausdruck des Respekts hingenommen, wie er einem Mann zukommt, der ein halbes Jahrhundert seine Kräfte im Guten und im Bösen mit der See gemessen hatte. An sein eignes sterbliches Ich hatte er nie einen Gedanken verschwendet. Er war so unversehrt geblieben, als wäre er unzerstörbar. Er hatte allen Versuchungen nachgegeben und vielen Stürmen getrotzt. Er hatte unter heißer Sonne gekeucht und vor Kälte gezittert; er hatte Hunger und Durst gelitten und keine Ausschweifung gescheut; er war durch viele Prüfungen gegangen, und keine Tollheit war ihm fremd geblieben. Alt! Es schien ihm, als sei er nun am Ende, und ihm war zumute wie einem Mann, den man während seines Schlafes gefesselt hatte und der nun erwachend die lange Kette mißachteter Jahre fühlt, die er wie eine Fessel hinter sich herschleppte. Die Bürde seines ganzen Lebens begann mit einem Schlage auf ihm zu lasten, und er fand sie fast zu schwer für seine Kraft. Alt! Er bewegte seine Arme, schüttelte den Kopf und befühlte seine Glieder. Alt werden... und dann? Er blickte auf die unsterbliche See hinaus in der jäh erwachten, nach Klarheit ringenden Erkenntnis ihrer herzlosen Macht. Unverändert, schwarz und schaumsprühend sah er sie unter den ewig forschenden Sternen. Er hörte ihre ungeduldige Stimme aus der unermeßlichen Weite voll Unrast, Aufruhr und Schrecken nach ihm rufen. Er blickte weit hinaus auf die See, in die Grenzenlosigkeit voller Qualen und blindem Wüten, die jeden Tag seines zähen Lebens verlangte und nach seinem Tode auch noch den verbrauchten Leib ihres Sklaven fordern würde...

Das war das Ende des Sturms. Der Wind sprang schnell nach Südosten um und bot so der *Narzissus* mit seinen letzten Ausläufern eine glänzende Gelegenheit, nordwärts in den freundlichen Sonnenschein der Passatregion zu steuern. Mit hoher Fahrt lief sie weißbeschwingt unter einem blauen Himmel und bei glatter See auf geradem Kurs der Heimat entgegen. Mit ihr fuhren Singletons ganze Lebensweisheit, Donkins schwächliches Gekränktsein und unser aller närrische Einbildungen. Die Stunden quälender Ohnmacht waren vergessen; im strahlenden Frieden der schönen Tage sprach niemand mehr von der Angst und Pein jener dunklen Augenblicke. Unser Leben schien uns sogar von jener Zeit an wie neu geschenkt, als wären wir gestorben und wieder zu neuem Leben erweckt. Der ganze erste Teil der Reise, der Indische Ozean auf der anderen Seite des Kaps, all das lag in nebelhafter Ferne, wie eine verschwommene Erinnerung an ein früheres Dasein. Dies war zu Ende gegangen – leere Stunden kamen, ein fahles Dämmern –, und wir lebten wieder! Singleton war zu einer trüben Erkenntnis ge-

langt; Creighton zu einem verletzten Bein; der Koch zur
Berühmtheit – und der nutzte die Gelegenheit schamlos aus.
Donkin hatte eine neue Beschwerde. Er ging herum und
wiederholte hartnäckig: »Er hat gesagt, er wollt' mir den Schädel einschlagen – habt ihr's gehört? Jetzt wollen sie uns schon
für die geringste Kleinigkeit umbringen.« Zu guter Letzt begannen wir selbst zu glauben, daß dies ungemein schrecklich
sei. Und wie eingebildet wir waren! Wir taten groß mit unserm Schneid, unserer Tüchtigkeit und Tatkraft. Wir erinnerten
uns rühmlicher Geschehen: unserer Hingabe, unserer unerschütterlichen Ausdauer – und wir waren stolz darauf, als wäre
dies alles die bloße Folge unseres eigenen Antriebs gewesen.
Wir erinnerten uns an die Gefahren und Mühen – und vergaßen selbstgefällig den dabei ausgestandenen panischen
Schrecken. Wir machten unsere Offiziere herunter – die nichts
getan hatten – und hörten auf das faszinierende Gerede Donkins. Unsere verächtlichen Blicke und andauernden spöttischen
Reden hielten ihn nicht davon ab, sich um unsere Rechte zu
sorgen und selbstlos über unsere Ehre zu wachen. Wir verach-
teten ihn grenzenlos – und konnten doch nicht umhin, diesem
vollendeten Schauspieler mit Interesse zuzuhören. Er erzählte
uns, daß wir tüchtige Männer seien – »ein Haufen verdammt
tüchtiger Männer«. Wer dankte uns dafür? Wer kümmerte
sich auch nur im geringsten um das uns zugefügte Unrecht?
Führten wir nicht ein Hundeleben für zwei Pfund zehn im
Monat? Glaubten wir vielleicht, daß diese elende Bezahlung
eine Entschädigung für den Einsatz unseres Lebens und den
Verlust unseres Zeugs sei? »Wir haben unsere ganzen Plünnen
verloren!« schrie er. Er ließ uns dabei vergessen, daß er jedenfalls nichts von seinem Eigentum verloren hatte. Die jüngeren
von uns hörten ihm zu und dachten – dieser Donkin ist doch
ein verflucht kluger Kopf, wenn er auch kein richtiger Mann
ist. Die Skandinavier waren über seine Unverschämtheiten er-

schrocken. Wamibo verstand sie nicht, und die älteren Seeleute nickten gedankenvoll mit dem Kopf, daß die goldenen Ohrringe in ihren behaarten, fleischigen Ohrläppchen glitzerten. Ihre rauhen, sonnenverbrannten Gesichter auf die tätowierten Unterarme gestützt, eine glimmende, schmutzigweiße Kalkpfeife in den dickadrigen, braunen Fäusten, so saßen die Männer breitschultrig mit gebeugtem Rücken da und hörten finster schweigend mit undurchdringlichen Gesichtern zu. Donkin redete sich in Wut; er machte alles verächtlich, und was er sagte, war unwiderlegbar. Seine bilderreiche, gemeine Schwatzhaftigkeit floß dahin wie ein trüber Strom aus einer vergifteten Quelle. Seine kleinen Augen flogen hin und her, nach rechts, nach links, immer auf der Hut vor einem plötzlich auftauchenden Offizier. Ab und zu kam Steuermann Baker nach vorn, um nach den Vorschoten zu sehen, und schlingerte in seiner ungeschlachten Gangart durch den plötzlich verstummenden Kreis der Leute; oder Creighton hinkte vorbei, das glatte junge Gesicht ernster denn je, und blickte aus seinen klaren Augen forschend in unsere jäh verstummte Mitte. Hinter seinem Rücken begann Donkin von neuem mit schiefen Blicken seine vergifteten Pfeile zu verschießen. »Das ist auch einer von denen. Damals habt ihr ihm geholfen und festgebunden. Was ist der Dank dafür? Treibt er euch nicht schlimmer an als vorher? Hätten ihn über Bord gehen lassen sollen. Warum nicht? Hätten jetzt weniger Ärger. Warum nicht?« Er beugte sich vertraulich vor, trat mit effektvoller Pose zurück, er flüsterte, schrie, schwenkte seine jämmerlichen Arme, die nicht dicker als Pfeifenstiele waren, streckte seinen mageren Hals vor – plapperte darauflos – blickte argwöhnisch um sich. In den Pausen zwischen seinen leidenschaftlichen Ansprachen seufzte der Wind leise in der Takelage, und unbeachtet lief die ruhige See mit warnendem Flüstern an der Bordwand entlang. Wir verabscheuten diese Kreatur und konnten uns dennoch nicht den verblüffenden Argumenten ihrer Hetzreden verschließen. Es war alles so offenkundig. Wir waren zweifelsohne tüchtige Männer. Unsere Verdienste waren groß, und unser Lohn war gering. Durch unsere Anstrengungen hatten wir das Schiff gerettet, aber die Anerkennung dafür würde der Alte finden. Was hatte er denn getan, wollten wir wissen. Donkin fragte: »Was hätte er ohne uns machen können?« Und wir wußten keine Antwort darauf. Wir waren von der Ungerechtigkeit der Welt bedrückt und überrascht, daß wir erst jetzt merkten, wie lange wir schon unter dieser Bürde gelebt hatten, ohne unsere unglückliche Lage zu erkennen. Unsere kritiklose Dummheit ärgerte uns und machte uns mißtrauisch. Donkin versicherte uns, das sei nur die Folge unserer »Gutmütigkeit«. Doch mit solch oberflächlichen Spitzfindigkeiten waren wir nicht getröstet. Wir waren Manns genug, uns unsere geistige Unzulänglichkeit mutig einzugestehen; aber von diesem Zeitpunkt an unterließen wir es, Donkin mit Fußtritten zu traktieren, ihn in die Nase zu kneifen oder ihn ganz zufällig herumzustoßen, was nach dem Passieren des Kaps geradezu eine Volksbelustigung geworden war. Davis hörte auf, ihn mit seinen Reden über »blaue Augen« und plattgedrückte Nasen zu ärgern. Charley, der seit dem Sturm sehr kleinlaut geworden war, verspottete ihn nicht mehr. Mit ehrerbietiger und listiger Miene warf Knowles die Frage auf: »Könnten wir alle die gleiche Verpflegung haben wie die Offiziere?« und »Könnten wir alle so lange an Land bleiben, bis wir das erreicht haben? Was müßten wir dann anstreben, wenn wir das durchgesetzt hätten?« Donkin antwortete prompt mit verächtlicher Überzeugung. Er spreizte sich anmaßend in seinem Zeug, das viel zu groß für ihn war, so daß er wie maskiert aussah. Es war zum größten Teil Jimmys Zeug, obgleich er von jedem etwas angenommen hätte. Aber niemand außer Jimmy konnte etwas entbehren. Donkins Ergebenheit gegenüber Jimmy kannte keine Grenzen.

Er hockte beständig in der kleinen Kammer herum, bediente Jimmy, ging auf dessen Launen ein, erfüllte jede auch noch so griesgrämliche Forderung, und oft hörte man sie beide zusammen lachen. Nichts konnte ihn von dem frommen Werk abhalten, den Kranken zu besuchen, besonders dann, wenn es an Deck harte Arbeit gab. Der Erste hatte ihn dort zu unserm unbeschreiblichen Ärger zweimal beim Genick zu fassen bekommen und hinausbefördert. Soll ein Kranker ohne jede Pflege bleiben? Müssen wir uns mißhandeln lassen, weil wir einen Kameraden pflegten? – »Was?« knurrte Steuermann Baker und wandte sich dabei drohend in die Richtung, aus der das Gemurmel kam, worauf der ganze Halbkreis wie ein Mann einen Schritt zurücktrat. »Oberleesegel setzen, Donkin nach oben, Tauwerk überholen!« kommandierte der Erste ungerührt. »Holt das Segel längs, steckt den Niederholer klar an. Los, faßt an!« Dann, als das Segel gesetzt war, ging er langsam nach achtern und stand lange am Kompaß, sorgenvoll und nachdenklich; sein Atem ging schwer, als ersticke er an dieser unerklärlichen feindseligen Stimmung, die das Schiff wie eine Seuche heimsuchte. ›Was ist bei denen nur los?‹ dachte er. ›Kann mir doch keinen Vers auf dieses Herumstehen und heimliche Gerede machen. Doch eine ganz gute Mannschaft, für heutige Verhältnisse.‹ An Deck fielen unter den Leuten bittere Worte, hervorgerufen durch die verrückte Empörung über irgend etwas Ungerechtes und Unabänderliches, das nicht wegzuleugnen war und in ihren Ohren nachklang, lange nachdem Donkin aufgehört hatte zu reden. Unsere kleine Welt zog auf ihrer gekrümmten Bahn standhaft dahin mit einer unzufriedenen, nach Besserem verlangenden Bevölkerung an Bord. Es gewährte ihnen einen schwachen Trost, mit endloser Gründlichkeit ihren verkannten Wert zu erörtern; und angeregt von Donkins hoffnungsvollen Lehren träumten sie schwärmerisch von der Zeit, in der jedes einzelne Schiff auf der weiten See mit einer wohl-

123

habenden, gutgenährten Mannschaft zufriedener Schiffer besetzt sein würde.

Es schien eine lange Reise zu werden. Der schwache, unstete Südostpassat lag hinter uns. Unter einem niedrigen grauen Himmel trieb das Schiff am Äquator bei drückender Hitze in einer glatten See, die einer Scheibe aus Mattglas glich. Gewitterböen zogen am Horizont auf und kreisten fernab dumpf grollend um das Schiff wie eine Herde wilder Tiere, die zu ängstlich ist, einen Angriff zu wagen. Die unsichtbare Sonne, hoch über den geradestehenden Masten, zeichnete sich als verschwommener Fleck strahlenlosen Lichts in den Wolken ab, während ihr bleiches Abbild auf der glanzlosen Oberfläche des Meeres mit ihr, von Ost nach West ziehend, Schritt hielt. Nachts flackerten in der undurchdringlichen Finsternis von Himmel und Erde lautlos helle Flammenstreifen auf; und für den Bruchteil einer Sekunde erschien die in der Windstille treibende *Narzissus* mit ihren Masten und der Takelage, mit jedem ihrer Segel und jedem Tau schwarz und deutlich erkennbar im Mittelpunkt des feurigen Aufruhrs, wie ein verkohltes Schiff im Innern einer flammenlodernden Glocke. Dann wieder lag sie stundenlang verloren im weiten All der Nacht und des Schweigens, wo leise Seufzer verlassenen Seelen gleich umherwanderten und die schlaffen Segel wie in jähem Erschrecken aufflattern ließen und wo das leise Plätschern des Ozeans von weither mitleidig flüsterte, mit einer Stimme voll unermeßlicher Trauer und Kleinmut...

Wenn die Lampe ausgedreht war, konnte Jimmy von seinem Kissen aus durch die weit offenstehende Tür das rasch wechselnde Bild einer phantastischen Welt auflodernder Flammen über dem stillen Wasser jenseits der Reling verschwinden sehen. Die Blitze spiegelten sich in seinen großen, traurigen Augen, die sich in seinem schwarzen Gesicht rotglühend zu verzehren schienen. Geblendet lag er hinterher unsichtbar im tiefsten Dunkel. Er hörte die leichten Fußtritte an Deck, das Atmen eines Mannes, der sich vor der Tür herumdrückte, das leise Knarren der hin und her schwingenden Masten oder die ruhige Stimme des wachhabenden Offiziers, die hart und laut in den reglosen Segeln widerhallte. Begierig lauschte er auf alles und fand im hellwachen Wahrnehmen der kleinsten Geräusche Ruhe vor den schwächenden Phantasien der Schlaflosigkeit. Das Knarren der Blöcke in der Takelage stimmte ihn heiter, das Hin-und-her-Laufen und das Murmeln der Wache beruhigten ihn, und er war getröstet, wenn er das halblaute Gähnen eines schläfrigen, erschöpften Seemanns hörte, der sich bedächtig zu einem Nickerchen auf die Decksplanken niederließ. Das Leben schien unbesiegbar. Es ging weiter durch Dunkelheit, Sonnenschein und Schlaf – unermüdlich umgaukelte es liebevoll den Trug von seinem nahenden Tod. Es war hell wie der gewundene Schein des Blitzes und reicher an Überraschungen als die dunkle Nacht. Es gab ihm das Gefühl der Sicherheit; und die Ruhe der Finsternis war ihm ebenso köstlich wie das ruhelose und gefahrvolle Licht.

Später jedoch, während der kurzen Abendwachen und sogar noch weit bis in die erste Nachtwache hinein war immer ein Haufen Leute vor Jimmys Kammer versammelt. Mit friedfertiger Anteilnahme lehnten sie, die Beine gekreuzt, an beiden Seiten der Tür oder standen sie plaudernd an der Türschwelle, indes andere zu zweit schweigend auf Jimmys Seekiste saßen. Drei oder vier standen in einer Reihe bei der Reservespier an der Reling und blickten nachdenklich vor sich hin, während der Lichtschein von Jimmys Lampe auf ihre arglosen Gesichter fiel. Der kleine, mit weißer Farbe frischgemalte Raum glänzte in der Nacht wie ein silberner Schrein, in dem ein schwarzes Götzenbild steif ausgestreckt unter einer Decke ruhte und mit müden, halbgeschlossenen Augen unsere Huldigung entge-

125

gennahm. Donkin zelebrierte. Er trat auf, als habe er ein Phänomen zu demonstrieren, eine seltsame Offenbarung, die, leicht verständlich, alle Anerkennung verdiene und dem Zuschauer zur gründlichen und dauernden Lehre dienen sollte. »Seht ihn euch nur an, er weiß, was gespielt wird – keine Angst!« schrie er hin und wieder und schwenkte mit prahlerischer Geste seine Hand, die so hart und fleischlos wie eine Vogelkralle war. Jimmy lag auf dem Rücken und lächelte zurückhaltend, ohne ein Glied zu rühren. Er spielte den völlig Entkräfteten, um uns zum Bewußtsein zu bringen, daß unser Zaudern bei seiner Befreiung aus der furchtbaren Gefangenschaft, daß ferner die Nacht auf der Poop, wo wir so selbstsüchtig seine Nöte vergaßen, daß all dies ihn »fertiggemacht« habe. Er sprach mit Vorliebe darüber – und es interessierte uns natürlich immer. Er sprach abgehackt in hastigen Ausbrüchen mit langen Pausen dazwischen, so wie ein Betrunkener geht ... »Koch hat mir gerade ein Kännchen heißen Kaffee gebracht ... stellte es hier unten auf meine Seekiste – schlug die Tür zu ... Ich merkte, wie das Schiff stark überholte, versuchte meinen Kaffee zu retten, verbrannte mir die Finger ... und fiel aus der Koje heraus ... Sie legte sich so schnell über ... das Wasser lief durch den Ventilator herein ... Ich konnte die Tür nicht aufkriegen ... finster wie im Grab ... versuchte in die Oberkoje zu klettern ... Ratten ... eine Ratte biß mich dabei in den Finger ... Ich hörte sie unter mir herumschwimmen ... Ich dachte, ihr kämt überhaupt nicht mehr ... dachte, ihr wärt alle über Bord gegangen ... natürlich ... konnte nur den Wind hören ... dann kamt ihr ... nach dem Leichnam zu sehen, nehm' ich an. Ein paar Minuten später, und ...«

»Mensch! Du hast doch einen ziemlichen Krach da drin geschlagen«, meinte Archie nachdenklich. – »Ihr Kerls da oben habt einen solchen Lärm gemacht ... genug, um jedem einen Schrecken einzujagen ... Ich wußte nicht, was ihr vorhattet ...

126

haut wie verrückt auf die verdammten Decksplanken... mein
Kopf... genau, was eine verrückte, ängstliche Bande Narren
anstellen würde... hat mir jedenfalls nicht viel genützt...
ebensogut absaufen... Pah!«
Er stöhnte, schlug seinen großen, weißen Zähne aufeinander
und sah verächtlich vor sich hin. Mit einem verzweifelten Lächeln blickte Belfast aus traurigen Augen auf Jimmy und ballte
verstohlen die Fäuste. Der blauäugige Archie strich sich unschlüssig über seinen roten Bart. Der Bootsmann an der Tür
sah einen Augenblick erstaunt auf, dann wandte er sich laut
auflachend brüsk ab. Wamibo träumte... Donkin fingerte an
den paar Haaren seines bartlosen Kinns herum und sagte
triumphierend, mit einem Seitenblick auf Jimmy: »Seht ihn
an! Wollt' ich wär halb so gesund wie er – das möcht' ich.« Er
wies mit seinem kurzen Daumen über die Schulter nach dem
Achterschiff: »So müssen die das haben!« kläffte er mit gespielter Herzlichkeit. »Sei doch kein Narr«, sagte Jimmy mit
freundlicher Stimme. Knowles rieb sich die Schultern am Türpfosten und bemerkte tiefsinnig: »Wir können doch nicht alle
krank spielen – das wäre ja Meuterei.« – »Meuterei – geh' los!«
spottete Donkin. »Gegen's Kranksein gibt's kein Gesetz.« –
»Auf Arbeitsverweigerung steht sechs Wochen Kasten bei
Wasser und Brot«, wandte Knowles ein, »ich erinnere mich
noch an eine Mannschaft in Cardiff, ihr Schiff war überladen –
zu guter Letzt war's aber gar nicht überladen, nur so ein alter
Paddy mit 'nem weißen Bart und 'nem Regenschirm kam längs
der Kai und redete auf die Leute ein. Sagte, es wär grausam, im
Winter abzusaufen, nur um dem Reeder ein paar Pfund mehr
zu verschaffen – sagte er. Weinte beinah aus Mitleid – tat er.
Hatte auch 'nen Rock wie 'n Großsegel an und 'nen Hut wie
'n Gaffeltoppsegel – alles tadellos. Da gingen die Kerls also bei
und sagten, sie wollten nicht im Winter absaufen – verließen
sich darauf, daß ihnen dieser Freibord-Heini vor Gericht bei-

127

stehen würde. Sie dachten sich einen schönen Jux daraus zu machen und zwei oder drei Tage auf den Bummel zu gehen. Sechs Wochen kriegten sie vom Richter aufgebrummt – weil das Schiff gar nicht überladen war. Irgendwie ist's vor Gericht rausgekommen, daß sie's gar nicht war. Es gab überhaupt kein überladenes Schiff im Pennarth Dock. Anscheinend hatte der alte schlaue Fuchs von irgend jemand den Auftrag, überladene Schiffe zu melden – gegen Bezahlung natürlich –, und dabei konnte er nicht über seine eigene Nasenspitze hinaus sehen. Ein paar von uns in dem Boardinghaus, wo ich immer wohne, wenn ich auf Chance warte, wollten sich den alten Spinner schnappen, um ihn ins Dock zu tauchen. Wir hielten scharfen Ausguck, aber er haute gleich ab, als er aus dem Gericht herauskam... ja, sechs Wochen bei Wasser und Brot haben sie gekriegt.«

Neugierig hörten alle zu und senkten in den Pausen nachdenklich ihre rauhen Gesichter. Donkin öffnete ein- oder zweimal seinen Mund, hielt sich aber zurück. Jimmy lag völlig teilnahmslos mit offenen Augen still da. Einer von den Leuten vertrat die Ansicht, daß die »verdammten« Richter nach einem solchen hinterhältigen, parteiischen Urteil erst mal auf Kosten des Schiffers einen trinken gehen. Andere stimmten bei. Das war doch klar, natürlich. Donkin meinte: »Naja, sechs Wochen ist nicht so schlimm. Im Kittchen kannst du regelmäßig jede Nacht durchschlafen, tät's ganz gern!« – »Du bist's wohl gewöhnt, was, Donkin?« fragte jemand. Jimmy ließ sich dazu herab, zu lachen. Das munterte alle wunderbar auf. Knowles änderte mit erstaunlicher Gewandtheit seinen Standpunkt: »Was wird aus dem Schiff, wenn wir alle krank werden? Eh?« Er stellte das Problem zur Diskussion und sah sich grinsend um. »Laß es zum Teufel gehen«, antwortete Donkin spöttisch. »Verflucht nochmal, es gehört ja nicht dir –« »Was, so treiben lassen?« bohrte Knowles in ungläubigem Ton weiter. »Jawohl!

Zum Teufel treiben lassen«, wiederholte Donkin abfällig. Knowles hatte gar nicht recht zugehört und grübelte. »Der Proviant würde alle werden«, murmelte er, »und... kommen in keinen Hafen... und wie ist's mit der Abrechnung?« fügte er dann mit Nachdruck hinzu. »Jack geht's am besten, wenn er seine Abrechnung in der Tasche hat«, schrie ein Zuhörer am Türeingang. »Ja, weil ihn dann die Mädchen mit einem Arm um den Hals fassen und mit dem andern in seine Tasche greifen und dabei Schätzchen nennen. Ist's nicht so, Jack?« – »Bei den Mädchen bist du nicht zu halten, Jack.« – »Er nimmt drei davon auf einmal in Schlepp, wie die modernen Zwei-Schornstein-Schlepper, die mit drei Schonern hinter sich abhauen.« – »Jack, du bist ein armseliger Schuft.« – »Jack, erzähl' mal von der mit dem schwarzen und dem blauen Auge, tu's mal.« – »Es gibt 'n Haufen Mädchen mit einem ›blauen Auge‹ in der Hauptstraße von...« – »Nein, das ist eine besondere, los, Jack.« Donkin sah ernst und verärgert aus, Jimmy sehr gelangweilt, und ein grauhaariger alter Matrose schüttelte stillvergnügt seinen Kopf und lächelte mit der Pfeife im Mund dazu. Knowles drehte sich verwirrt herum, stammelte erst dem einen, dann dem andern zu: »Nein! ... Ich niemals! ... Mit euch kann man nicht vernünftig reden... immer Unsinn machen.« Er zog sich verschämt zurück – murmelte etwas, fühlte sich aber doch geschmeichelt. Alle lachten schallend auf in dem grellen Licht um Jimmys Koje, wo sich auf einem weißen Kissen das eingefallene, schwarze Gesicht ruhelos hin und her bewegte. Plötzlich kam etwas Wind auf. Die Lampe flackerte, und draußen in den Toppen schlugen die Segel, während nahebei der Fockschotblock dröhnend gegen die eiserne Verschanzung hämmerte. Weit entfernt rief eine Stimme: »Auf das Ruder!« Eine andere, schwächere Stimme antwortete: »Liegt hart über, Sir!« Alle verstummten und warteten gespannt. Der grauhaarige Matrose klopfte seine Pfeife an der Tür aus und stand auf. Das Schiff legte sich leicht über, und die See schien mit einem schläfrigen Murmeln zu erwachen. »Da kommt etwas Brise auf«, sagte einer ganz leise. Jimmy drehte sich langsam um und hielt das Gesicht in den Wind. Die Stimme draußen in der Nacht rief im lauten Befehlston: »Besan ausholen!« Die Leute vor der Tür verschwanden aus dem Lichtkreis. Man hörte sie laut nach achtern gehen, wobei sie mit verschiedenartigem Tonfall »Besan ausholen! Ausholen, Sir!« riefen. Donkin blieb allein mit Jimmy. Es herrschte Schweigen. Jimmy öffnete und schloß einige Male die Lippen, als schlucke er einige Züge frischer Luft. Donkin bewegte die Zehen seiner nackten Füße und sah sie nachdenklich an.

»Willst du ihnen nicht beim Segelsetzen helfen?« fragte Jimmy. »Nein, wenn die zu sechst nicht genug in den Knochen haben, um diesen morschen Besan zu setzen, dann taugen sie überhaupt nichts mehr«, antwortete Donkin gelangweilt mit hohler Stimme, als spreche er vom Boden eines tiefen Lochs. Jimmy betrachtete das spitze, vogelartige Profil mit mißtrauischem Interesse. Er lehnte sich dabei aus seiner Koje mit der prüfenden, unsicheren Miene eines Mannes, der sich überlegt, wie er sich des fremdartigen Geschöpfes erwehren mochte, das so aussah, als ob es stechen oder beißen könnte. Aber er sagte nur: »Der Steuermann wird dich vermissen – und dann gibt's wieder Krach.«

Donkin stand auf, um zu gehen. »Dem geb' ich's noch mal in einer dunklen Nacht, du wirst sehen, ob ich's nicht tu!« sagte er über die Schulter zurück. Jimmy fuhr rasch fort: »Du bist wie ein Papagei, wie ein krächzender Papagei.« Donkin blieb stehen und neigte aufmerksam seinen Kopf zur Seite. Seine großen Ohren standen weit ab, sie waren ganz durchsichtig und geädert wie die Flügel einer Fledermaus. »So?« sagte er, den Rücken Jimmy zugekehrt. – »Ja, plapper nur alles aus, was du weißt, wie ein dreckiger, weißer Kakadu.« Donkin wartete. Er konnte Jimmy atmen hören, tief und langsam, als läge ihm ein Zentnergewicht auf der Brust. Dann fragte er ruhig: »Was weiß ich?«

»Was? ... Was ich dir sage ... nicht viel. Was willst du denn ... so über meine Gesundheit zu reden ...«

»Es ist ein verfluchter Schwindel, ein verfluchter, gemeiner erstklassiger Schwindel – aber ich fall' nicht darauf rein. Nicht ich.« Jimmy schwieg. Donkin steckte die Hände in die Taschen und kam mit einem langen Schritt in gebeugter Haltung an die Koje. »Ich sag's – was schadet's? Das sind hier keine Männer – Schafe sind's. Eine Herde Schafe, die sich treiben läßt. Ich steh' dir bei ... Warum nicht? Du kommst dabei gut weg.«

»Ich bin ... Ich sprech' nicht davon ...«

»Gut, sollen sie's sehen. Werden merken, wozu ein Mann imstande ist. Ich bin ein Mann. Ich weiß alles von dir ...« Jimmy schob sich auf dem Kissen weiter zurück. Donkin streckte seinen mageren Hals vor und stieß sein Vogelgesicht auf ihn nieder, als wollte er ihn in die Augen hacken. »Ich bin ein Mann. Ich hab' mir jeden Knast in den Kolonien von innen angesehen, bevor ich auf mein Recht verzichtet hab' ...« – »Du bist ein Zuchthäusler«, erwiderte Jimmy mit schwacher Stimme. »Das bin ich ... und auch stolz darauf. Du! Du hast ja nicht die Nerven dazu – da hast du den Trick da erfunden ...« Er machte eine Pause, dann fuhr er langsam, jedes Wort betonend, hinterhältig fort: »Du bist gar nicht krank, nicht wahr?« – »Nein«, sagte Jimmy in bestimmtem Ton, »war im letzten Jahr manchmal nicht ganz auf Draht«, murmelte er, wobei er die Stimme plötzlich senkte. Donkin kniff plump vertraulich ein Auge zu und flüsterte: »Hast du's nicht früher auch schon so gemacht?« Jimmy lächelte – dann, als könnte er es nicht länger bei sich behalten, legte er los: »Auf dem letzten Schiff, ja. Ich war während der ganzen Reise nicht auf Draht. Verstehst du? Es war leicht. In Kalkutta wurde ich abgemustert, und der Alte

hat auch nicht viel Federlesens gemacht ... Hab' alles ausge-
zahlt gekriegt und achtundfünfzig Tage an Land gelegen! Die
Idioten! O Gott! Die Idioten! Zahlen mir die ganze Heuer
aus.« Er lachte krampfhaft. Donkin stimmte kichernd mit ein.
Dann wurde Jimmy von einem heftigen Hustenanfall geschüttelt. »Mir geht's so gut wie je«, sagte er, sobald er wieder
Atem holen konnte.
Donkin machte eine spöttische Geste. »Natürlich«, sagte er
tiefgründig, »das kann ja jeder sehen.« – »Die nicht«, gab
Jimmy zurück und schnappte dabei wie ein Fisch nach Luft.
»Die schlucken alles«, bestätigte Donkin. »Verlaß dich nicht
so sehr darauf«, warnte Jimmy mit erschöpfter Stimme. »Das
bißchen Theater, eh«, bemerkte Donkin jovial und fuhr dann
plötzlich verärgert fort: »Du denkst nur an dich, solang' es dir
gutgeht ...«
Nachdem man ihn so des nackten Egoismus beschuldigt hatte,
zog James Wart die Decke bis zum Kinn hoch, ließ seine dicken
Lippen schmollend herunterhängen und blieb eine Weile still
liegen. »Warum willst du mit aller Gewalt Krach machen?«
fragte er gleichgültig. »Weil es eine Affenschande ist. Wir
werden ausgenutzt ... schlechtes Essen ... schlechte Bezahlung
... Ich will, daß es richtigen Krach gibt, einen verfluchten
Krach, daß sie noch lange dran denken werden! Leute rum-
jagen ... Schädel einschlagen ... Weiß Gott! Sind wir keine
Männer?« Er kochte vor uneigennütziger Entrüstung. Dann
sagte er ruhig: »Ich hab' deine Sachen gelüftet.« – »Ganz
recht«, sagte Jimmy matt, »bring' sie rein.« – »Gib mir den
Schlüssel für deine Seekiste, ich werd' sie für dich verstauen«,
sagte Donkin zuvorkommend. »Bring' sie herein, ich verstau'
sie selbst«, antwortete James Wart heftig. Donkin blickte murrend zu Boden ... »Was hast du gesagt? Was hast du gesagt?«
fragte Wart unruhig. – »Nix, laß sie draußen hängen bis morgen, die Nacht ist trocken«, sagte Donkin mit einer merkwürdig

zitternden Stimme, als halte er ein Lachen oder seine Wut zurück. Jimmy schien befriedigt. »Gib mir ein bißchen Wasser für die Nacht in meiner Mug – da«, sagte er. Donkin machte einen Schritt über die Türschwelle. »Hol dir selbst was«, erwiderte er schroff, »wenn du nicht krank bist, kannst du's ja.« – »Natürlich kann ich's«, sagte Wart, »nur...« – »Gut, dann tu's«, unterbrach ihn Donkin boshaft, »wenn du dich um deine Sachen kümmern kannst, dann kannst du dich auch um dich selbst kümmern.« Und ohne sich umzusehen, ging er hinaus an Deck.

Jimmy langte nach seiner Mug. Sie enthielt nicht einen Tropfen. Mit einem leichten Seufzer stellte er sie zurück und schloß die Augen. ›Der verrückte Belfast‹, dachte er, ›wird mir etwas Wasser bringen, wenn ich danach frage. Idiot. Ich bin sehr durstig...‹

Es war sehr heiß in der Kammer, und sie schien sich langsam zu drehen, vom Schiff loszulösen und sanft hinauszuschweben, in einen lichten, trockenen Raum, unter einer wild herumwirbelnden, schwarzen Sonne. Ein Ort ohne Wasser! Kein Wasser! Ein Polizist, der Donkins Gesicht hatte, trank ein Glas Bier am Rande eines leeren Brunnens und flog mit kräftigen Flügelschlägen fort. Ein Schiff, dessen Mastspitzen den Himmel durchdrangen und nicht zu sehen waren, löschte Getreide, und der Wind wirbelte die Spreu in Spiralen längs dem Kai eines Docks, das bis auf den Boden trocken war. Jimmy wirbelte mit der Spreu herum. Müde und leicht. Seine Eingeweide waren fort. Er fühlte sich leichter als die Spreu – und noch vertrockneter. Er dehnte seine hohle Brust. Die einströmende Luft riß eine Menge merkwürdiger Dinge mit sich fort, die Häusern, Bäumen, Leuten und Laternenpfählen glichen. Nicht mehr! Es gab keine Luft mehr – und er hatte seinen tiefen Atemzug noch nicht beendet. Aber er war ja im Gefängnis! Sie sperrten ihn ein. Eine Tür schlug heftig zu. Sie drehten den Schlüssel zweimal um, gossen eine Pütze Wasser über ihn – puh! Warum? Er öffnete die Augen langsam und dachte, der Sturm sei reichlich schwer gewesen für einen leeren Mann – leer – leer. Er war in seiner Kammer. Ah! Ganz recht! Sein Gesicht war schweißüberströmt, und seine Arme fühlten sich schwerer an als Blei. Er sah den Koch im Türrahmen stehen, einen Messingschlüssel in der einen Hand und einen blanken Henkeltopf aus Blech in der anderen.

»Ich hab' die Kombüse für die Nacht abgeschlossen«, sagte der Koch wohlwollend mit strahlender Miene. »Gerade acht Glas gewesen. Ich hab' dir einen Pott kalten Tee für die Nacht gebracht, Jimmy. Hab' ihn sogar mit weißem Zucker von achtern gesüßt. Na ja, das Schiff wird davon nicht untergehen.« Er trat ein, hängte den Pott bei der Koje auf und fragte gewohnheitsmäßig: »Wie geht's?« Dabei setzte er sich auf die Kiste. – »Hm«, grunzte Wart unwirsch. Der Koch trocknete sich das Gesicht mit einem schmutzigen Lappen, den er sich hinterher um den Hals band. »So machen's die Heizer auf den Dampfern«, sagte er gelassen und sehr selbstgefällig. »Meine Arbeit ist genauso schwer wie die ihre – meine ich – und viel länger. Hast du sie schon einmal unten im Heizraum gesehen? Sehen wie die Teufel aus – heizen – heizen – heizen – da unten.«

Er wies mit dem Zeigefinger an Deck. Ein trüber Gedanke verdüsterte sein strahlendes Gesicht, flüchtig wie der über den hellen Schein einer friedlichen See ziehende Schatten einer Wolke. Die abgelöste Wache stampfte geräuschvoll nach vorn und zog in einem Haufen an der erleuchteten Türöffnung vorbei. Jemand rief: »Gute Nacht!« Belfast blieb einen Augenblick stehen und blickte Jimmy stumm und vor verhaltener Rührung zitternd an. Darauf warf er dem Koch einen Blick voller trüber Ahnungen zu und verschwand. Der Koch räusperte sich. Jimmy stierte zur Decke und verhielt sich still wie ein Mann in einem Versteck.

Es war eine klare Nacht mit einer leichten Brise. Hoch über den Toppen umspannte die strahlende Linie der Milchstraße den Himmel wie ein Triumphbogen ewigen Lichts über den dunklen Pfaden der Erde. Auf der Back pfiff ein Mann laut und deutlich ein munteres Tanzliedchen, während noch ein anderer schwach zu hören war, der dazu schwerfällig im Takt mit den Füßen stampfte. Von vorn schallte verworrenes Murmeln von Stimmen, Gelächter – Liedfetzen. Der Koch sah Jimmy kopf-schüttelnd von der Seite an und begann zu murren: »Ja, Tan-zen und Singen, das ist alles, woran sie denken. Ich wundere mich, daß die Vorsehung es nicht müde wird... Sie vergessen den Tag, der bestimmt kommen wird... aber du...« Hastig, als ob er ihn gestohlen hätte, trank Jimmy einen Schluck Tee, kroch unter seine Decke und drückte sich gegen das Schott. Der Koch stand auf, schloß die Tür, setzte sich wieder hin und sagte gemessen:

»Immer, wenn ich das Feuer in meiner Kombüse schüre, denk' ich an euch Kerls, wie ihr flucht, stehlt, lügt und noch Schlim-meres macht – als gäb' es nicht so etwas wie eine andere Welt ... Keine schlechten Jungs, in einer Hinsicht«, gab er zögernd zu; dann fuhr er nach einer Pause schmerzlicher Betrachtung in resigniertem Ton fort: »Ja, ja, für sie wird noch eine heiße Zeit kommen. Heiß! Sagte ich so? Die Heizräume der White-Star-Dampfer sind nichts dagegen.«

Eine Zeitlang verhielt er sich ganz ruhig. Sein Gehirn war in gewaltigem Aufruhr. Eine verwirrende Vision von strahlenden Ausmaßen wechselte mit den erregenden Klängen aufrütteln-der Gesänge und qualvollen Seufzern. Er litt, genoß, bewun-derte, war zufrieden, erfreut, erschrocken, verzückt wie an je-nem Abend (zum einzigen Mal in seinem Leben – vor sieben-undzwanzig Jahren, er liebte es, sich an die genaue Zahl der Jahre zu erinnern), da er als junger Mann in einem Eastend-Tingeltangel in schlechte Gesellschaft geraten war und sich be-

135

trunken hatte. Eine Flut plötzlicher Gefühle trennte ihn von seinem Körper und hob ihn empor. Er erschaute das Geheimnis des Jenseits, das sich ihm in seiner Vortrefflichkeit offenbarte. Er liebte es, liebte sich selbst, die ganze Mannschaft und Jimmy. Sein Herz strömte über von Zärtlichkeit und Verständnis, beseelt von dem Wunsch, sich des Seelenheils dieses Schwarzen anzunehmen kraft des Machtgefühls, das ihm das Bewußtsein der Unsterblichkeit verlieh. Ihn an seinen Armen hochzureißen und mitten auf den Weg des Heils zu drängen ... Die schwarze Seele ... schwärzer ... Körper – verderbt – Teufel. Nein! Reden – Kraft – Samson ... Laute Klänge von Zimbeln tönten ihm in den Ohren. Vor seinem geistigen Auge sah er im verzückten Taumel strahlende Gesichter, Lilien, Gebetbücher, überirdische Freude, weiße Hemden, goldene Harfen, schwarze Röcke, Flügel. Er erblickte flatternde Gewänder, glattrasierte Gesichter, ein Meer von Licht – einen See von Pech. Süße Düfte umwehten ihn, Schwefelgeruch – rote Flammen züngelten durch weiße Nebel. Eine furchtbare Stimme donnerte! Es währte drei Sekunden.

»Jimmy!« schrie er verzückt. Dann zögerte er. Ein Funke menschlichen Mitgefühls glomm noch durch den Nebel seiner höllischen Einbildungen. »Was?« fragte James Wart unwillig. Dann war es still. Jimmy wandte den Kopf ein wenig und blickte verstohlen nach dem Koch, dessen Lippen sich lautlos bewegten. Sein Gesicht hatte einen verzückten Ausdruck, die Augen waren nach oben gerichtet, als flehe er im Geiste die Decksbalken, den Messinghaken der Lampe und zwei Kakerlaken an.

»Hör mal, du«, sagte Wart, »ich möchte jetzt schlafen, ich glaub', ich kann.«

»Jetzt ist keine Zeit zum Schlafen!« schrie der Koch sehr laut. Er hatte sich im Gebet von den letzten Anwandlungen menschlicher Schwäche befreit. Er war nur noch Stimme – ein körperloses, erhabenes Wesen, wie in jener Nacht, als er über das Meer geschritten war, um für die untergehenden Sünder Kaffee zu kochen. »Jetzt ist keine Zeit zum Schlafen«, wiederholte er erregt. »Ich kann nicht schlafen.« – »Das geht mich einen Dreck an«, sagte Wart mit gemachter Energie, »ich kann schlafen, und nun geh' und leg dich hin.«

»Fluchen... schon richtig in den Klauen... richtig in den Klauen! Siehst du nicht das ewige Feuer... fühlst du es nicht? Verblendeter, hartgesottener Sünder! Bereu'! Bereu'! Ich kann es nicht ertragen, wenn ich an dich denke. Ich höre den Ruf, dich zu retten, bei Tag und Nacht. Jimmy, laß dich von mir retten!« Flehend und drohend brachen die Worte aus ihm heraus, wie ein brausender Gießbach. Die Kakerlaken flüchteten, Jimmy schwitzte und wand sich verstohlen unter der Decke. Gellend schrie der Koch auf: »Deine Tage sind gezählt! ...« – »Mach, daß du rauskommst!« brauste Wart auf. »Bete mit mir!« – »Ich will nicht! ...« Die kleine Kammer war heiß wie ein Backofen. Furcht und Angst hingen in der Luft, die erfüllt war von Schreien und Stöhnen, von Gebeten, die wie Lästerungen klangen, und von Flüchen. Draußen vor der geschlossenen Tür drängten sich die Leute, zu erschrocken, um die Tür zu öffnen. Charley hatte ihnen mit wahrer Wonne von dem höllischen Streit berichtet, der sich in Jimmys Kammer zutrug. Die ganze Mannschaft war da. Die Freiwache war in Hemden an Deck gekommen, wie bei einer Kollision. Im Laufen fragten sie: »Was ist passiert?« Die andern riefen: »Hört doch!« Das dumpfe Geschrei ging weiter: »Auf die Knie! Auf die Knie!« – »Hör auf!« – »Niemals! Du bist mir ausgeliefert... Dein Leben wurde gerettet... Absicht... Gnade... Bereu'!« – »Du bist ein verrückter Idiot! ...« – »Bin für dich verantwortlich... dich... schlaf' nie mehr auf dieser Welt, wenn ich...« – »Hör auf.« – »Nein! ... Heizraum... bedenk nur! ...« Dann folgte ein leidenschaftliches, kreischendes Gestammel, in dem die Worte wie Hagel

137

niederprasselten. »Nein!« brüllte Wart. »Ja, du bist ... keine Hilfe ... jeder sagt das.« – »Du lügst!« – »Ich seh' dich in diesem Augenblick sterben ... vor meinen Augen ... schon so gut wie tot.« – »Hilfe!« schrie Jimmy mit durchdringender Stimme. »Nicht in diesem Erdental ... Blicke nach oben«, heulte der Koch. »Geh weg! Mörder! Hilfe!« schrie Jimmy. Seine Stimme überschlug sich. Man hörte Stöhnen, unterdrücktes Gemurmel, ein paar Schluchzer. »Was ist hier los?« sagte eine selten gehörte Stimme. »Zurück da, Leute! Zurück da!« wiederholte Creighton streng und drängte sich nach vorn. »Da kommt der Alte«, flüsterten einige. »Der Koch ist da drin, Sir«, riefen einige laut und traten zurück. Die Tür flog auf, und ein breiter Lichtstrahl fiel auf die erstaunten Gesichter. Aus der Kammer drang eine Wolke warmer, schlechter Luft.

Die beiden Steuerleute überragten mit Kopf und Schultern den barhäuptigen grauhaarigen Mann, der allen sichtbar in seinem abgetragenen Zeug steif und kantig zwischen ihnen stand, schmal und gelassen, wie eine kleine, aus Holz geschnittene Figur. Der Koch erhob sich von den Knien. Jimmy saß aufrecht in der Koje und hatte die Arme um die angezogenen Beine geschlungen. Der Zipfel seiner blauen Nachtmütze zitterte kaum wahrnehmbar über seinen Knien. Verblüfft starrten die Männer auf Jimmys langen gekrümmten Rücken, während das Weiße eines seiner Augen wie blind schräg zu ihnen hinblickte. Er hatte Angst, den Kopf zu wenden, und kroch in sich selbst zusammen. Es lag etwas unglaublich Tierhaftes in dieser erwartungsvollen Unbewegtheit, etwas Instinkthaftes – das jeden Denkens bare Stillhalten der verängstigten Kreatur.

»Was tust du hier?« fragte der Erste streng. »Meine Pflicht«, erwiderte der Koch heftig. »Deine ... was?« begann der Erste. Kapitän Allistoun berührte leicht seinen Arm. »Ich kenne seine Verrücktheiten«, sagte er leise. »Komm hier heraus, Podmore«, befahl er laut.

Der Koch rang die Hände, schüttelte die Fäuste über seinem Kopf und ließ dann die Arme sinken, als seien sie ihm zu schwer. Einen Augenblick stand er abgelenkt und sprachlos da. »Nie«, stammelte er, »ich … er … ich.« – »Was – sagst – du?« fragte Kapitän Allistoun. »Komm sofort raus – oder …« – »Ich geh' schon«, erwiderte der Koch, hastig und düster resignierend. Entschlossen trat er über die Türschwelle nach draußen – zögerte – machte ein paar Schritte. Schweigend sahen ihm alle zu. »Ich mach' euch verantwortlich!« schrie er verzweifelt und wandte sich dabei halb um. »Der Mann liegt im Sterben. Ich mach' euch …« – »Bist du immer noch da?« rief der Kapitän mit drohender Stimme. »Nein, Sir«, erwiderte er schnell und erschrocken. Der Bootsmann führte ihn am Arm fort. Einige lachten. Jimmy hob den Kopf und blickte verstohlen nach uns, dann sprang er unerwartet mit einem Satz aus der Koje. Steuermann Baker fing ihn geschickt auf und fühlte seinen Körper schlaff in seinen Armen liegen. Die Leute an der Tür brummten überrascht. »Er lügt«, keuchte Wart. »Er sprach von schwarzen Teufeln – er ist ein Teufel – ein weißer Teufel – mir geht's gut.« Er richtete sich steif auf, und der Erste ließ ihn versuchsweise los. Jimmy taumelte ein oder zwei Schritte. Kapitän Allistoun beobachtete ihn mit kühlen durchdringenden Blicken. Belfast sprang zur Unterstützung herbei. Jimmy schien niemand um sich herum zu bemerken, schweigend blieb er einen Augenblick stehen und focht allein gegen eine Legion Schreckgespenster, völlig verlassen in der undurchdringlichen Einsamkeit seiner Angst, während ihn die Blicke der aufgeregten Leute von fern gespannt verfolgten. Die See gurgelte in den Speigatten, als das Schiff bei einem kleinen Windstoß überholte.

»Halt' ihn mir vom Leib«, sagte James Wart endlich mit seiner wohlklingenden Baritonstimme, während er sich mit seinem vollen Gewicht auf Belfast stützte. »Mir ging's diese letzte

Woche schon besser ... ich bin gesund ... wollte morgen wieder an Deck kommen ... morgen ... wenn Sie es jetzt möchten, Herr Kapitän.« Belfast straffte seinen Rücken, um Jimmy aufrechtzuhalten. »Nein«, sagte der Kapitän und sah ihn fest an. Unter Jimmys Achselhöhle zuckte unruhig Belfasts rotes Gesicht. Eine Reihe glänzender Augen starrte am Rande des Lichtscheins auf sie. Einer stieß den andern mit dem Ellbogen an, sie drehten die Köpfe hin und her und flüsterten. Wart ließ das Kinn auf die Brust sinken und blickte mit gesenkten Augenlidern um sich.

»Warum nicht?« schrie eine Stimme aus dem Schatten. »Der Mann ist in Ordnung, Sir.« – »Ich bin ganz in Ordnung«, sagte Wart lebhaft. »Krank gewesen ... besser ... Jetzt wieder an Deck.« Er seufzte. »Heiliger Josef!« rief Belfast und zog die Schultern hoch. »Stell dich auf, Jimmy.« – »Dann geh weg«, sagte Wart, wobei er Belfast einen Stoß gab und schwankend nach dem Türpfosten griff. Seine Backenknochen glänzten, als ob sie gefirnißt wären. Er riß sich seine Nachtmütze vom Kopf, wischte sich damit den Schweiß aus dem Gesicht und warf sie an Deck. »Ich komm raus«, erklärte er, ohne sich zu rühren.

»Nein, das tust du nicht«, sagte der Kapitän barsch. Man hörte nackte Füße scharren und ringsum mißbilligendes Murren. Als habe er nichts gehört, fuhr der Kapitän fort: »Du hast dich fast die ganze Reise über gedrückt, und jetzt willst du an Deck kommen. Du glaubst wohl, nun gibt's bald Geld. Riechst wohl schon Land, was?«

»Ich bin krank gewesen ... jetzt ... besser«, murmelte Wart und starrte in das Licht. »Du hast den Kranken markiert«, erwiderte Kapitän Allistoun streng. »Der Grund ...« Er zögerte für den Bruchteil einer Sekunde. »Den Grund kann jedes Kind erkennen. Dir fehlt gar nichts. Bisher wolltest du liegenbleiben – und jetzt will ich, daß du liegenbleibst. Herr Baker, dieser Mann darf bis Ende der Reise nicht mehr an Deck kommen.«

Ausrufe der Überraschung, des Jubels und der Entrüstung kamen aus der dunklen Gruppe von Männern, die sich durch den Lichtschein schob. »Wozu?« – »Hab's gleich gesagt...« – »Verdammte Schande...« – »Wir haben da auch noch ein Wort mitzureden«, schrie Donkin aus dem Hintergrund. »Laß mal, Jimmy – wir helfen dir schon zu deinem Recht«, riefen einige zugleich. Ein älterer Matrose trat hervor. »Wollen Sie damit sagen, Sir«, fragte er drohend, »daß sich ein kranker Mann auf diesem Huker nicht wieder gesund melden darf?« Hinter ihm flüsterte Donkin aufgeregt inmitten einer gaffenden Menge von Männern, von denen keiner ihm auch nur einen Blick schenkte. Kapitän Allistoun richtete seinen Zeigefinger gegen das wütende braune Gesicht des Sprechers: »Du – du – halt den Mund«, sagte er warnend. »Das ist keine Art«, schrien zwei oder drei der jüngeren Leute drohend. »Sind wir vielleicht Maschinen?« warf Donkin in spitzem Ton ein. »Werden's ihm bald zeigen, daß wir keine dummen Jungs sind...« – »Der Mann ist auch ein Mensch, wenn er auch schwarz ist.« – »Wir arbeiten auf diesem verdammten Schiff doch nicht mit einer unterbesetzten Mannschaft, wenn der Nigger gesund ist...« – »Er sagt selbst, daß er es ist.« – »Gut, dann streikt, Jungs, streikt! Das ist das einzig Wahre!« Kapitän Allistoun stand gelassen inmitten des Tumults und horchte mit gespannter Aufmerksamkeit auf das verworrene Grölen und Schreien, auf jeden Ausruf und jede Verwünschung dieses plötzlichen feindseligen Ausbruchs und sagte in scharfen Worten zum Zweiten Offizier: »Bleiben Sie ruhig, Herr Creighton.« Irgend jemand schmetterte die Tür mit einem Fußtritt zu. Die mit Drohrufen erfüllte Finsternis verschlang gierig den schmalen Lichtstreifen, und die Männer wurden zu gestikulierenden Schatten, die erregt schrien, zischten und lachten. »Gehen Sie weg von den Leuten, Sir«, flüsterte Baker dem Kapitän zu, während sich die hünenhafte Gestalt Creightons schwei-

141

gend vor die schmale Figur des Kapitäns schob. »Wir sind die ganze Reise über ausgebeutet worden«, sagte eine mürrische Stimme, »aber das hier ist doch die Höhe.« – »Der gehört zu uns.« – »Sind wir denn dumme Jungs?« – »Die Backbordwache wird die Arbeit verweigern.« Von seinen Gefühlen überwältigt, begann Charley schrill zu pfeifen und dann zu schreien: »Gebt uns unsern Jimmy!« Dies schien die Erregung in eine neue Bahn zu lenken. Es kam zu einem neuen Ausbruch aufrührerischer Stimmen. Streitsüchtig klang es durcheinander: »Ja.« – »Nein.« – »Nie krank gewesen.« – »Geht doch gleich auf sie los.« – »Halt's Maul, Junge, das ist Männersache.« – »Ist es?« murmelte Kapitän Allistoun bitter. Steuermann Baker brummte: »Ouch! Die sind verrückt geworden. Das brodelt schon den ganzen letzten Monat über.« – »Ich hab's gemerkt«, sagte der Kapitän. – »Jetzt haben sie sich untereinander in die Wolle gekriegt«, meinte der Zweite verächtlich, »es ist besser, Sie gehen nach achtern, Sir, wir werden die schon beruhigen.« – »Behalten Sie die Ruhe, Creighton«, sagte der Kapitän. Langsam gingen die drei Männer auf die Kajütstür zu.

Im Schatten der Focktakelage bewegte sich eine dunkle Masse unruhig an Deck hin und her. Man hörte vorwurfsvolle, anfeuernde, mißtrauische und entrüstete Ausrufe. Verwirrt und aufgebracht erklärten die älteren Seeleute, daß sie so oder so durchhalten wollten. Die fortschrittliche jüngere Generation hingegen ereiferte sich in einem erregten Wortwechsel über die ihnen und Jimmy zugefügten Ungerechtigkeiten. Sie scharten sich um die menschliche Ruine, um diese getreue Verkörperung ihres eigenen Trachtens und Strebens, sie schwankten auf einem Fleck hin und her und feuerten einander an, »sich nichts bieten zu lassen«. Belfast, der Jimmy in der Kammer in die Koje half, zitterte vor Begierde, ja nichts von dem Radau zu versäumen, und konnte nur mit Mühe die Tränen seiner leicht zu entfachenden Rührung zurückzuhalten. James Wart lag

142

unter seiner Decke flach auf dem Rücken und rang nach Luft. »Wir stehen dir bei, keine Angst«, versicherte ihm Belfast, der sich am Fußende der Koje zu schaffen machte. »Ich komm' morgen raus – nehm' meine Chance wahr – ihr Jungs müßt – «, murmelte Wart, »ich komm' morgen raus, ob der Alte will oder nicht.« Er hob mühsam seinen Arm und fuhr sich mit der Hand übers Gesicht. »Laß bloß nicht den Koch ...« hauchte er. – »Nein, nein«, sagte Belfast, indem er sich abwandte, »der kriegt's mit mir zu tun, wenn er dir nahekommt.« – »Ich schlag ihn in seine Fratze!« rief Wart matt, in ohnmächtiger Wut. »Ich will niemand umbringen, aber ...« Er schnappte keuchend nach Luft, wie ein Hund nach einem Lauf in glühender Sonne. Draußen vor der Tür schrie gerade jemand: »Er ist so gut zuwege wie irgendeiner von uns!« Belfast legte die Hand auf den Türgriff. »Hier!« rief James Wart hastig und mit so klarer Stimme, daß der andere mit einem Ruck herumfuhr. James Wart, der in dem blendenden Licht schwarz und wie ein Toter dalag, wandte Belfast den Kopf zu und starrte ihn flehend und unverschämt an. »Ich bin ziemlich schwach vom langen Liegen«, sagte er mit Bestimmtheit. Belfast nickte. »Es geht mir jetzt ganz gut«, fuhr Wart hartnäckig fort. – »Ja, ich hab's gemerkt, daß es dir besser ging diesen letzten Monat«, meinte Belfast und sah dabei zu Boden. »Hallo, was ist das?« rief er dann und lief hinaus.

Draußen wurde er unmittelbar darauf von zwei Männern, die ihm entgegentaumelten, platt gegen das Deckshaus gedrückt. Überall schienen heftige Diskussionen im Gang zu sein. Als er wieder frei stand, sah er undeutlich drei Gestalten allein in dem helleren Schatten unter der bogenförmig ausgeschnittenen Unterkante des Großsegels stehen, das sich über ihren Köpfen wie eine riesige gewölbte Wand eines Gebäudes erhob. Donkin zischte: »Los, auf sie ... es ist dunkel!« Die Leute nahmen geschlossen einen kurzen Anlauf nach achtern, stoppten aber plötzlich, als die hagere Gestalt Donkins an ihnen vorbeiflitzte. Er schwang den rechten Arm wie einen Windmühlenflügel in der Luft und blieb dann mit einem Ruck, den Arm hoch über den Kopf gestreckt, jäh stehen. Man hörte einen schweren Gegenstand durch die Luft fliegen. Er sauste genau zwischen den Köpfen der beiden Steuerleute hindurch, prallte dann ein paarmal an Deck auf und schlug schließlich mit einem heftigen Schlag auf die Achterluke. Die massige Gestalt des Ersten trat deutlich aus dem Dunkel hervor und bewegte sich auf die haltende Gruppe zu. »Kommt zur Besinnung, Leute!« schrie er. »Herr Baker«, hörte man die ruhige Stimme des Kapitäns rufen, »kommen Sie zurück!« Der Erste gehorchte unwillig. Eine Minute lang blieb alles ruhig, dann brach ein ohrenbetäubender Lärm los. Archie übertönte alle mit dem energischen Ausruf: »Wenn du's noch mal machst, dann sag ich's!« Man hörte Rufe wie »Laßt das nach!« – »Hört auf!« – »Wir sind nicht von der Sorte!« Die dunkle Masse menschlicher Körper taumelte gegen die Verschanzung und wieder zurück gegen das Deckshaus. Augbolzen klirrten unter den aufstampfenden Füßen. »Laßt das!« – »Laß mich!« – »Nein!« – »Verflucht du ... Ha!« Dann ein Geräusch, als würde jemand ins Gesicht geschlagen. Ein Stück Eisen fiel an Deck. Ein kurzes Handgemenge – und eine schattenhafte Gestalt flüchtete nach einem Fußtritt über die Großluke. Eine wütende Stimme stieß einen Schwall unflätiger Worte aus ... »Werfen Sachen, großer Gott!« brummte Steuermann Baker bestürzt. – »Das war für mich bestimmt«, sagte der Kapitän ruhig. »Ich konnte den Luftzug von dem Ding fühlen; was war's – ein eiserner Belegnagel?« – »Donnerwetter«, murmelte der Zweite. Das Stimmengewirr der debattierenden Leute mittschiffs vermischte sich mit dem Plätschern der See, stieg zu den reglos vollstehenden Segeln empor und schien in die Nacht hinauszufliegen, weiter als der Horizont, höher als der Himmel. Die Sterne leuchteten stetig über den schrägliegenden Mastspitzen. Streifen Lichts lagen auf dem Wasser, brachen sich beim Herannahen des Schiffes und zitterten noch lange nachdem die *Narzissus* vorüber war, wie in Ehrfurcht vor der rauschenden See.

Inzwischen hatte der Mann am Ruder, neugierig, was der Lärm zu bedeuten habe, das Rad losgelassen und war in gebückter Haltung mit langen Schritten verstohlen bis zur Vorkante der Poop gelaufen. Ohne daß es jemand gewahr wurde, schoß die *Narzissus*, sich selbst überlassen, langsam in den Wind. Sie holte einmal leicht über, so daß die schlafenden Segel plötzlich erwachten, und mit einem mächtigen Knall, der die ganze Takelage erzittern ließ, schlugen sie gegen die Masten. Dann kam ein Segel nach dem andern mit einem lauten Schlag wieder voll – zuletzt das eingefallene Großsegel, das sich mit einem heftigen Knall wieder aufblähte. Das Schiff erbebte vom Kiel bis zum Flaggenknopf. Die Segel knatterten weiter wie Gewehrfeuer; dazwischen rasselten die Schotenketten und losen Schäkel wie ein Glockenspiel; die schweren Blöcke ächzten. Es war, als hätte eine unsichtbare Hand dem Schiff einen Stoß gegeben, um die Menschen, die sein Deck bevölkerten, in die Wirklichkeit und zur Wachsamkeit und Pflichterfüllung zurückzurufen. – »Auf das Ruder!« schrie der Kapitän im scharfen Ton. »Laufen Sie nach achtern, Herr Creighton, und sehen Sie, was der Idiot dort macht.« – »Vorsegelschoten dichtholen. Klar bei den Luv-Vorbrassen!« knurrte der Erste. Aufgeschreckt eilten die Männer davon, wobei sie die Befehle wiederholten. Die Freiwache, die sich plötzlich von der Wache an Deck verlassen sah, zog sich zu zweit und zu dritt auf das Logis zu, wobei die Leute lärmend diskutierten. »Morgen werden wir sehen!« schrie einer laut, wie um mit diesem drohenden Hinweis den unrühmlichen Rückzug zu decken. Dann hörte man nur noch Befehle und die Geräusche von an Deck fallendem Tauwerk und ratternden Blöcken. Singletons weißer Kopf huschte über dem Deck bald hier, bald dort durch die Nacht, wie das Gespenst eines Vogels. »Fällt ab, Sir!« brüllte der Zweite von achtern. »Steht wieder voll.« – »Allright...« – »Fier die Vorsegelschoten auf. Beleg' die Brassen. Tauwerk aufschießen«, brummte Steuermann Baker, der geschäftig an Deck umhereilte.

Allmählich hörte das Trampeln und Stimmengewirr auf. Die Offiziere kamen auf der Poop zusammen und besprachen die Vorfälle. Baker war bestürzt und brummte. Creighton war in kalter Wut, Kapitän Allistoun aber beherrscht und nachdenklich. Er hörte Bakers knurrenden Ausführungen und Creightons scharfen Zwischenbemerkungen zu, während er hinunter auf das Deck blickte und in seiner Hand den eisernen Belegnagel wog, so als wäre dieses schwere Eisenstück, das vor einem Augenblick haarscharf an seinem Kopf vorbeigeflogen war, die einzig greifbare Tatsache der ganzen Angelegenheit. Er war einer jener Schiffsführer, die wenig sprechen, nichts zu hören und niemand anzusehen scheinen – und die alles wissen, jedes Flüstern hören und jeden flüchtigen Schatten im Leben ihres Schiffes sehen. Seine beiden hochgewachsenen Offiziere überragten seine kleine, hagere Gestalt, sie sprachen über seinen Kopf hinweg, sie waren erschrocken, überrascht und verärgert, während der kleine, stille Mann zwischen ihnen seine schweigsame Gelassenheit aus tiefer reichenden Regionen einer größeren Erfahrung zu schöpfen schien. Im Logis brannte Licht. Dann und wann drang von vorn ein Schwall hitziger Reden längs Deck und verebbte wieder, als habe das sanft durch den unendlichen Frieden der See gleitende Schiff unbewußt den törichten Lärm der aufrührerischen Menschen für immer hinter sich gelassen. Aber immer wieder erhob sich das Stimmengewirr. In den erleuchteten Türrahmen erschienen einen Augenblick lang gestikulierende Arme, das Profil von Köpfen mit offenstehenden Mündern. Schwarze Fäuste wurden geschüt-

146

telt – verschwanden wieder... »Ja, es war ganz verteufelt, daß uns dieser grundlose Krach passieren mußte«, gab der Kapitän zu... Tobender Lärm entstand von neuem in dem hellen Lichtschein und hörte plötzlich wieder auf... Er glaubte nicht, daß es im Augenblick noch weitere Schwierigkeiten geben würde... Achtern wurde geglast, die große Glocke vorn antwortete mit tieferem Ton, und der Schall des klingenden Metalls pflanzte sich wellenförmig rund um das Schiff fort und verebbte dann in der unermeßlichen Nacht der leeren See... Kannte er seine Leute nicht? Und ob! In früheren Jahren. Bessere Mannschaft noch. Ganze Männer, die einen nicht in der Klemme sitzen ließen... Schlimmer als Teufel auch mitunter... Richtige wilde Teufel. Pah! Das hier ist gar nichts. Verfehlt ist verspielt...

Die Ruderablösung erfolgte wie gewöhnlich. »Voll und bei!« sagte der abgelöste Rudermann laut. – »Voll und bei!« wiederholte der andere und nahm das Ruder. – »Dieser Gegenwind macht mir Sorgen«, rief der Kapitän aus und stampfte wütend mit dem Fuß auf Deck. »Gegenwind, sonst nichts!« – Hierauf war er gleich wieder ruhig. »Halten Sie heute nacht die Leute in Trab, meine Herren, damit sie wissen, wir haben die ganze Zeit über das Heft in der Hand behalten – in aller Ruhe, versteht sich. Seien Sie vorsichtig, Creighton, und rühren Sie keinen an. Morgen werde ich ihnen deutlich meine Meinung sagen. Verrückte Bande von Pfuschern! Ja, Pfuschern! Die richtigen Seeleute unter ihnen könnt' ich an den Fingern einer Hand abzählen. Können nichts anderes als Krach machen – bitte schön.« Und nach einer Pause fuhr er fort: »Glauben Sie, daß ich da einen Fehler gemacht habe, Herr Baker?« Er tippte sich an die Stirn und lachte kurz auf. »Wie ich ihn da so stehen sah, schon dreiviertel tot und so verzagt – schwarz unter der glotzenden Bande – keinen Mumm, das hinzunehmen, was uns allen bevorsteht – da war mir alles klar, ehe ich noch nach-

147

denken konnte. Er tut mir leid wie ein kranker Wilder. Ob je eine Kreatur solche wahnsinnige Angst vorm Sterben hatte wie er?... Ich dachte, man läßt ihn auf seine Weise eingehen. Das war so eine plötzliche Eingebung. Es fiel mir keinen Augenblick ein, daß diese Idioten... hm! Jetzt bleibt's natürlich dabei.« Er steckte den Belegnagel in die Tasche, schien sich über sich selbst zu schämen und sagte in scharfem Ton: »Wenn Sie Podmore wieder bei seinen Dummheiten erwischen, dann sagen Sie ihm, ich werd' ihn unter die Pumpe kriegen. Mußte ich schon einmal machen. Der Kerl bekommt mitunter solche Anfälle. Guter Koch sonst.« Er ging schnell weg und kam zur Niedergangstreppe zurück. Die beiden Steuerleute sahen ihm mit erstaunten Augen nach. Er ging die Treppe drei Stufen hinunter, und als sein Kopf in Deckshöhe war, sagte er in verändertem Ton: »Ich werd' mich heut' nacht nicht hinlegen, falls etwas passieren sollte, rufen Sie mich nur. Haben Sie die Augen von diesem kranken Neger gesehen, Herr Baker? Ich hatte das Gefühl, er flehte mich um etwas an. Was? Alle Hilfe ist vergeblich. Ein einsamer schwarzer Kerl, verloren unter uns allen. Er schien durch mich hindurch geradeaus in die Hölle zu blicken. Ich kann mir vorstellen, dieser unglückselige Podmore! Gut, laßt ihn in Frieden sterben. Schließlich bin ich hier der Kapitän. Lassen wir ihn in Ruhe. Er mag vielleicht halbwegs ein Mann gewesen sein... Passen Sie gut auf.« Nach diesen Worten verschwand der Kapitän nach unten und ließ seine Steuerleute stehen. Sprachlos sahen sie einander an. Eine Bildsäule aus Stein, die durch ein Wunder Tränen des Mitleids über die Ungewißheit von Tod und Leben vergießt, hätte sie nicht tiefer beeindrucken können.

In dem blauen Dunst, der aus den Pfeifenköpfen aufstieg, erschien das Logis so groß wie ein Saal. Zwischen den Decksbalken hing eine dunkle Rauchwolke, und die Lampen, deren purpurne Glut von einem Lichthof eingehüllt war, brannten wie zwei strahlenlose, tote Flammen. Der Qualm wurde immer dichter. Die Leute saßen in ungezwungenen Stellungen an Deck herum oder lehnten mit angezogenen Knien gegen das Schott. Ihre Lippen bewegten sich, ihre Augen funkelten, und ihre Arme fuchtelten in der Luft herum, so daß jähe Wirbel in dem Tabaksqualm entstanden. Das Murmeln der Stimmen wurde immer stärker, als könnte es nicht rasch genug durch die engen Türen entweichen. Die in ihren Hemden auf langen, weißen Beinen umherstelzenden Leute der Freiwache glichen irren Nachtwandlern, unter denen die ab und zu von der Wache hereinschauenden Männer merkwürdig übertrieben angezogen erschienen. Sie hörten meistens einen Augenblick zu, warfen dann schnell einen Satz in das lärmende Gespräch und liefen wieder hinaus. Nur einige blieben wie gebannt an der Tür stehen und lauschten mit einem Ohr nach draußen. »Haltet zusammen, Jungs!« brüllte Davis. Belfast versuchte sich Gehör zu verschaffen. Knowles grinste zögernd und verwirrt. Ein kleiner Kerl mit einem dichten gestutzten Bart rief unaufhörlich: »Wer hat Angst? Wer hat Angst?« Ein anderer sprang hierauf erregt hoch und stieß mit blitzenden Augen eine Reihe zusammenhangloser Flüche aus, worauf er sich wieder ruhig hinsetzte. Zwei Männer unterhielten sich vertraulich und klopften sich dabei zur Bekräftigung ihrer Argumente abwechselnd auf die Brust. Drei andere steckten die Köpfe geheimnisvoll zusammen und schrien dabei aus voller Kehle durcheinander. Es war ein stürmisches Gewirr von Reden, aus dem nur wenige verständliche Bruchstücke das Ohr erreichten. »Auf dem letzten Schiff«, konnte man hören. »Wen kümmert das?« – »Versuchen es bei irgendeinem von uns, ob.« – »Klein beigeben.« – »Kein Handschlag.« – »Er sagte, er ist gesund.« – »Hab's mir immer gedacht.« – »Macht nichts ...« Donkin kauerte wie ein Häufchen Unglück am Bugspriet. Er hatte die Schultern bis zu den Ohren hochgezogen und ließ seine spitze

149

Nase herunterhängen. Er sah aus wie ein kranker Geier mit zerzaustem Gefieder. Belfast saß mit gespreizten Beinen da, sein Gesicht war rot vom Schreien. Mit seinen erhobenen Armen bildete er ein regelrechtes Malteserkreuz. Die beiden Skandinavier in der Ecke boten den Anblick zweier Männer, die sprachlos und verwirrt einer Katastrophe zusehen. Außerhalb des Lichtkreises stand Singleton. Sein Kopf stieß an den Decksbalken. Nur undeutlich war seine massige Gestalt, die einer heroischen Statue in einer dunklen Gruft glich, durch den Rauch zu erkennen.

Der Lärm flaute plötzlich wie eine im Sande verlaufende Welle ab, als Singletons imposante Figur, scheinbar ungerührt von allem, hervortrat; nur Belfast schrie noch einmal mit erhobenen Armen: »Der Mann liegt im Sterben, sag' ich euch!« Dann setzte er sich hastig auf die Luke und barg sein Gesicht in den Händen. Alle sahen gespannt auf Singleton. Sie starrten vom Deck aus zu ihm hoch, sie blickten aus dunklen Ecken zu ihm hin oder wandten ihre Köpfe mit neugierigen Blicken ihm zu. Sie waren voller Erwartung und beruhigt, als ob dieser alte Mann, der niemand ansah, das Geheimnis ihrer beklemmenden Entrüstung und Wünsche kenne und eine tiefere Einsicht und ein besseres Wissen als sie besitze. Und in der Tat, wie er so unter ihnen stand, war er die Erscheinung eines unbeteiligten Mannes, der ungezählte Schiffe gesehen und oft solchen Stimmen wie den ihren gelauscht und alles schon erlebt hatte, was auf der weiten See passieren konnte. Sie hörten seine Stimme in der breiten Brust rumpeln, als rollten Worte aus rauher Vergangenheit auf sie zu. »Was habt ihr vor?« fragte er. Niemand antwortete. Nur Knowles murmelte: »Ja, ja!« und irgendeiner sagte leise: »Is 'ne verdammte Schande!« Singleton wartete, machte eine verächtliche Gebärde und sagte langsam: »Ich habe Krawalle an Bord erlebt, ehe einige von euch überhaupt geboren waren – mit und ohne Grund, aber nie um so etwas.« –

150

»Der Mann liegt im Sterben, ich sag's euch«, wiederholte Belfast sorgenvoll und setzte sich zu Singletons Füßen. »Und ein Schwarzer noch dazu«, fuhr der alte Seemann fort. »Die habe ich wie Fliegen sterben sehen.« Er hielt gedankenvoll inne, als versuchte er sich der grauenhaften Erlebnisse zu erinnern, der Einzelheiten dieser Schrecken, der Hekatomben von Negern. Fasziniert sahen ihn alle an. Er war alt genug, um sich an Sklavenschiffe, blutige Meutereien, vielleicht sogar an Piraten zu erinnern. Wer konnte wissen, welche Gewalttätigkeiten und Schrecken er schon erlebt hatte! Was würde er nun sagen? Singleton fuhr fort: »Ihr könnt ihm nicht helfen; sterben muß er.« Wieder machte er eine Pause. Sein Bart zitterte. Er kaute förmlich auf seinen Worten und murmelte hinter seinem weißen Bartgewirr, unverständlich und spannend, wie ein Orakel hinter dem Schleier . . . »An Land bleiben – krank – anstatt diesen Gegenwind zu machen. Fürchtet sich. Die See verlangt ihren Teil. – Sterben wenn Land in Sicht. Immer so. Die wissen es – lange Reise – mehr Tage, mehr Dollar. – Ihr bleibt ruhig. Was wollt ihr? Könnt ihm doch nicht helfen.« Singleton schien aus einem Traum zu erwachen. »Ihr könnt euch selbst nicht helfen«, sagte er streng. »Der Alte ist kein Narr. Er hat was vor. Paßt auf, sag' ich euch! Ich kenn' ihn!« Mit starr geradeaus blickenden Augen wandte er den Kopf von rechts nach links und von links nach rechts, als mustere er eine lange Reihe listiger Skipper. »Er hat gesagt, er wollte mir den Schädel einschlagen!« schrie Donkin in herzzerreißendem Ton. Verdutzt schaute Singleton unter sich, als könnte er ihn nicht finden. »Verdammt du!« sagte er undeutlich und gab es auf. Unsagbare Weisheit, eiserner Gleichmut und eiskalte Resignation strahlten von ihm aus. Die Zuhörer um ihn herum fühlten sich durch ihren Fehlschlag richtig erleichtert. Schweigend drückten sie sich herum mit der sorglosen Ruhe von Männern, die den unabänderlichen Verlauf ihres Lebens klar erkannt haben. In Gedanken ver-

151

sunken, winkte Singleton einmal mit dem Arm, dann schritt er ohne ein weiteres Wort hinaus an Deck.

In Nachdenken versunken, saß Belfast mit großen runden Augen da. Schwerfällig schwangen sich ein oder zwei Matrosen in die Oberkojen und seufzten, als sie drinlagen. Die andern tauchten schnell kopfüber in die Unterkojen und drehten sich sogleich einmal um sich selbst, wie Tiere auf ihrer Lagerstätte. Man hörte das Schaben des Messers, mit dem jemand seine Kalkpfeife auskratzte. Knowles grinste nicht mehr. Davis sagte im Ton tiefster Überzeugung: »Dann ist unser Alter übergeschnappt.« Archie murmelte: »Meiner Seel'! Die Sache ist noch nicht zu Ende!« Es schlug vier Glasen. »Die Hälfte unserer Freiwache ist um!« schrie Knowles aufgeregt, dann überlegte er und bemerkte tröstend: »Na ja, zwei Stunden Schlaf ist wenigstens etwas.« Einige stellten sich schon schlafend, und Charley gab plötzlich aus tiefem Schlaf mit ausdrucksloser Stimme ein paar undeutliche Worte von sich. »Der verdammte Junge hat Würmer«, bemerkte Knowles unter der Decke hervor in gelehrtem Ton. Belfast stand auf und ging an Archies Koje. »Wir haben ihn herausgezogen«, flüsterte er betrübt. »Was?« fragte der andere verschlafen und übellaunig. »Und nun werden wir ihn über Bord werfen müssen«, fuhr Belfast fort, und seine Unterlippe zitterte. »Was werfen?« fragte Archie. »Den armen Jimmy«, stieß Belfast hervor. »Der Teufel hol ihn!« sagte Archie mit gespielter Roheit und setzte sich in der Koje auf. »Das kommt alles durch ihn. Wenn ich nicht gewesen wäre, dann hätt's einen Mord auf diesem Schiff gegeben! Das ist nicht seine Schuld, nicht wahr?« warf Belfast halblaut ein. »Ich hab' ihn zur Koje gebracht ... und er ist nicht schwerer als ein leeres Fleischfaß«, fügte er mit Tränen in den Augen hinzu. Archie sah ihn ruhig an und kehrte sich dann entschlossen der Bordwand zu. Belfast irrte umher, als habe er sich in dem halbdunklen Logis verlaufen, und fiel beinah über

Donkin. Er sah ihn eine Zeitlang von oben an, dann fragte er: »Willst du dich nicht hinlegen?« Mit einem hoffnungslosen Blick blickte Donkin zu ihm auf. »Dieser boshafte schottische Hundesohn hat mich getreten«, flüsterte er im Ton tiefster Verzweiflung. »Und das war gut!« sagte Belfast immer noch sehr niedergeschlagen. »Du warst heute nacht dem Galgen verflucht nahe, Freundchen. Daß du mir mit deinen Mordgelüsten nicht Jimmy zu nahe kommst! Du hast ihn nicht herausgezogen. Nimm dich bloß in acht. Denn wenn ich anfang', dich zu treten —« seine Miene hellte sich etwas auf — »wenn ich anfang', dich zu treten, dann nach Yankee-Art, und da kracht's!« Dabei tippte er mit seinen Knöcheln an Donkins gebeugten Kopf. »Merk dir das, mein Junge!« schloß er lebhaft. Donkin ließ alles über sich ergehen. »Werden die mich verraten?« fragte er ängstlich. »Wer wird dich verraten?« zischte Belfast und kam einen Schritt zurück. »Ich würde dir was auf die Nase kleben, wenn ich mich nicht um Jimmy kümmern müßte. Wofür hältst du uns eigentlich?« Donkin stand auf und sah Belfast nach, der sich durch die Tür schob. Ringsum war das Atmen unsichtbarer Schläfer zu hören. Donkin schien aus dem ihn umgebenden Frieden wieder blindwütigen Mut zu schöpfen. Boshaft starrten die Augen in seinem mageren Gesicht aus dem viel zu großen Zeug, das er sich geborgt hatte, als suchten sie etwas, das sie zerschmettern könnten. Sein Herz schlug heftig in seiner schmalen Brust. Sie schliefen! Er hätte ihnen den Hals umdrehen, die Augen ausreißen, ins Gesicht spucken können. Er schüttelte seine schmutzigen mageren Fäuste gegen die schwelenden Lampen: »Ihr seid keine Männer!« rief er mit gedämpfter Stimme. Niemand rührte sich. »Ihr habt nicht soviel Courage wie 'ne Maus!« Seine Stimme wurde zu einem heiseren Krächzen. Wamibo steckte seinen zerzausten Kopf aus der Koje und sah Donkin wütend an. »Ihr seid der Auswurf der Seefahrt. Ihr verrottet alle, noch ehe ihr sterbt!« —

Wamibo blinzelte verständnislos, aber interessiert mit verschlafenen Augen. Donkin setzte sich langsam nieder. Er atmete heftig mit bebenden Nüstern und knirschte mit den Zähnen, daß sie aufeinanderschlugen, wobei er das Kinn hart gegen die Brust preßte, daß es aussah, als wollte er sich dort hindurchnagen, um bis ins Innere seines Herzens zu gelangen…

Als der Morgen des neuen Tages im Wanderleben der *Narzissus* anbrach, bot das Schiff einen prachtvoll frischen Anblick wie ein Frühlingsmorgen an Land. Die frischgescheuerten Decks glänzten in ihrer ganzen Länge; die schrägen Sonnenstrahlen zauberten blendende Lichtreflexe auf das gelbe Messing, verwandelten die gelackten Relingstützen in Streifen von Gold, und die an der Reling hängenden einzelnen Tropfen Salzwasser waren so klar wie Tautropfen und glitzerten wie verstreute Diamanten. Die Segel schliefen, von einer sanften Brise eingelullt… Die Sonne, die in einsamer Pracht am blauen Himmel aufstieg, sah ein einsames Schiff, das hart am Wind auf der blauen See dahinglitt.

Die Mannschaft stand dichtgedrängt zu dritt hintereinander beim Großmast gegenüber dem Kajütseingang. Die Leute scharrten mit den Füßen, stießen einander an, zeigten unentschlossene Mienen und stumpfe Gesichter. Bei jeder kleinen Bewegung des Schiffes taumelte Knowles schwerfällig auf seinem kurzen Bein hin und her. Donkin strich ruhelos und ängstlich hinter den Rücken der andern herum, als suche er ein Versteck. Plötzlich erschien Kapitän Allistoun an Deck. Die Sonne schien auf sein abgetragenes Zeug, als er, grauhaarig und schmächtig, vor der Front auf und ab ging. Sein Gesicht war hart wie ein Diamant. Er hatte die rechte Hand in der Seitentasche seines Jacketts und etwas Schweres darin, das längs der ganzen Seite Falten zog. Einer der Seeleute räusperte sich – Böses ahnend. »Bis jetzt habe ich an euch nichts auszusetzen gehabt, Leute«, sagte der Kapitän und hielt inne. Er sah seine Männer mit einem müden, kalten Blick an, der sich, einer allgemeinen Sinnestäuschung zufolge, genau in jedes einzelne der zwanzig Augenpaare bohrte. Hinter seinem Rücken stand stiernackig Steuermann Baker und brummte verdrossen vor sich hin. Creighton, frisch und munter, hatte rosige Wangen und sah resolut und entschlossen aus. »Und ich hab's jetzt auch nicht«, fuhr der Kapitän fort, »aber ich bin dazu da, um dieses Schiff zu führen und jeden einzelnen an Bord in Räson zu halten. Wenn ihr eure Arbeit so gut verstündet wie ich die meine, dann gäb's keinen Ärger. Ihr habt heut' nacht so etwas verkündet wie ›Morgen früh werden wir sehen!‹ Gut, jetzt seht ihr mich. Was wollt ihr?« Er wartete, ging rasch auf und ab und sah sie forschend an. Ja, was wollten sie? Sie traten von einem Fuß auf den andern, schwankten unschlüssig hin und her; einige schoben ihre Mützen zurück und kratzten sich am Kopf. Was wollten sie? Jimmy war vergessen. Niemand dachte an ihn, während er vorn in seiner Kammer mit den mächtigen Schatten kämpfte, sich an unverschämte Lügen klammerte und schmerzlich über seinen durchsichtigen Selbstbetrug lächelte. Nein, nicht Jimmy, man hätte ihn nicht gründlicher vergessen können, wenn er gestorben wäre. Sie wollten große Dinge. Und auf einmal schienen sich all die einfachen Worte, die sie kannten, für immer in die Unendlichkeit ihrer unklaren, brennenden Wünsche zu verlieren. Sie wußten, was sie wollten, aber es fiel ihnen nichts ein, was irgendwie der Rede wert gewesen wäre. Sie bewegten sich auf der Stelle hin und her, schlenkerten mit ihren muskulösen Armen und konnten die großen teerigen Hände und die gekrümmten Finger nicht stillhalten. Das Flüstern erstarb. »Was ist es – das Essen?« fragte der Kapitän. »Ihr wißt, daß am Kap Proviant verdorben ist.« – »Das wissen wir, Sir«, sagte ein bärtiger alter Seemann in der ersten Reihe. »Ist die Arbeit zu hart, was? Zuviel für

155

eure Kräfte?« fragte er wieder. Ein beleidigtes Stillschweigen war die Antwort. »Wir wollen nicht mit zu wenig Leuten arbeiten, Sir«, hob schließlich Davis mit unsicherer Stimme an, »und dieser Schwarze da ...« – »Genug!« unterbrach ihn der Kapitän. Er sah sie alle einen Augenblick scharf an, lief ein paar Schritte dahin und dorthin, dann brach der Sturm los. Sein Zorn machte sich in Ausbrüchen Luft, die so heftig und schneidend waren wie die Stürme der eisigen See, die er in seiner Jugend kennengelernt hatte. »Euch sagen, was los ist? Ihr seid größenwahnsinnig! Haltet euch für verdammt tüchtige Leute. Kennt eure Arbeit nur halb und denkt, es ist noch zuviel. Wenn ihr zehnmal mehr tätet, wär's noch nicht genug.« – »Wir haben unser Bestes für's Schiff getan, Sir«, rief jemand, bebend vor Erbitterung. – »Euer Bestes«, wetterte der Kapitän weiter. »Ihr habt eine Menge an Land gehört, nicht wahr? Die sagen euch dort aber nicht, daß ihr euch auf euer Bestes nicht viel einzubilden braucht. Ich sag' euch, euer Bestes ist nicht besser als schlecht. Ihr könnt nicht mehr leisten? Nein, ich weiß und sage nichts. Aber ihr hört mit euren Dummheiten auf, sonst stopp ich sie für euch ab. Ich wart nur darauf! Schluß damit!« Er drohte ihnen mit dem Finger. »Und was diesen Mann hier betrifft«, seine Stimme wurde mit einemmal sehr laut, »was diesen Mann betrifft, wenn der ohne meine Erlaubnis seine Nase an Deck steckt, dann laß ich ihn in Eisen legen. So!« Der Koch vorn hörte ihn, lief aus der Kombüse heraus, hob seine Arme, entsetzt, ungläubig, überrascht, und lief wieder hinein. Einen Augenblick herrschte völlige Stille, während derer ein krummbeiniger Matrose beiseite trat und, wie es sich gehört, ins Speigatt spuckte. »Da ist noch eine andere Sache«, sagte der Kapitän gelassen. Er trat einen Schritt vor und holte mit einem Schwung einen eisernen Belegnagel aus seiner Tasche. »Das hier!« Seine Bewegung kam so unerwartet und plötzlich, daß die Mannschaft zurückwich. Er sah sie unverwandt an, und einige machten sofort überraschte Gesichter, als hätten sie vorher noch nie einen Belegnagel gesehen. Er hielt ihn hoch. »Das geht mich an. Ich stell' euch keine Fragen, aber ihr wißt es alle, der soll wieder dahin, wo er hergekommen ist.« Seine Augen sprühten vor Zorn. Unbehaglich bewegten sich die Leute hin und her. Scheu vermieden sie, das Stück Eisen anzusehen; sie waren bestürzt und empört, als handele es sich um etwas Schreckliches, Anstoß-Erregendes oder um etwas Taktloses, das man gemeinhin nicht im hellen Tageslicht zur Schau stellen dürfe. Der Kapitän beobachtete sie aufmerksam. »Donkin«, rief er in einem kurzen, scharfen Ton. Donkin schlüpfte hinter den einen, dann hinter den andern, aber die Leute sahen über die Schultern zurück und traten zur Seite. Die Reihen öffneten sich vor ihm und schlossen sich wieder hinter ihm, bis er zu guter Letzt allein vor dem Kapitän stand, als wäre er durch das Deck hindurch gekommen. Kapitän Allistoun trat dicht an ihn heran. Sie waren ziemlich gleich groß. Der Kapitän wechselte aus nächster Nähe einen tödlichen Blick mit den kleinen flackernden Augen. »Du kennst das?« fragte der Kapitän. – »Nein, kenn' ich nicht«, antwortete der andere dreist und mit vor Erregung zitternder Stimme. »Du Hund, nimm das«, befahl der Kapitän. Donkins Arm schien an seinen Hüften zu kleben. Die Augen geradeaus gerichtet, stand er wie zur Parade angetreten da. »Nimm das«, wiederholte der Kapitän und trat so nahe an ihn heran, daß sie gegenseitig ihren Atem spürten. »Nimm das«, sagte Kapitän Allistoun nochmals und machte eine drohende Gebärde. Donkin nahm den Arm von der Seite. »Warum gehen Sie auf mich los?« murmelte er mühsam, als hätte er den Mund voll Teig. »Wenn du nicht…« begann der Kapitän. Donkin griff schnell nach der Pinne, als habe er die Absicht, damit wegzulaufen, blieb aber stocksteif stehen und hielt sie wie eine Kerze vor sich. »Bring sie wieder dahin, wo du sie hergeholt hast«, sagte

157

Kapitän Allistoun und sah ihn dabei finster an. Donkin trat zurück und riß die Augen weit auf. »Geh', du Lump, sonst helf ich dir«, schrie der Kapitän und trieb ihn langsam zurück, indem er drohend auf ihn zuging. Donkin versuchte auszuweichen und mit dem gefährlichen Eisen seinen Kopf vor der drohenden Faust zu schützen. Der Erste hörte einen Augenblick auf zu knurren. »Gut, bei Gott«, murmelte der Zweite beifällig mit Kennermiene. »Rühren Sie mich nicht an«, murrte Donkin und wich zurück. »Dann geh' schneller.« – »Schlagen Sie mich nicht... Ich bring Sie vors Seeamt... werd's Ihnen schon zeigen.« Kapitän Allistoun machte einen langen Schritt, und Donkin wandte sich schnell um, lief ein Stück weiter, dann blieb er stehen und bleckte über die Schultern hinweg seine gelben Zähne. »Weiter, nach dem Vortopp«, drängte der Kapitän und wies mit dem Arm nach vorn. – »Wollt ihr ruhig zusehen, wie ich hier schikaniert werde?« schrie Donkin der Mannschaft zu, die ihn schweigend beobachtete. Kapitän Allistoun machte einen langen Schritt auf ihn zu. Donkin stürzte mit einem Satz weiter nach dem Vortopp und stieß den Nagel heftig in das Loch der Nagelbank. »Mit euch rechne ich noch ab«, schrie er dem ganzen Schiff zu und verschwand hinterm Fockmast. Kapitän Allistoun drehte sich um und schritt mit gelassener Miene nach achtern, als habe er den ganzen Vorfall schon vergessen. Die Leute gingen ihm aus dem Wege. Er sah niemanden an. »Das genügt, Herr Baker. Lassen Sie die Freiwache weggehen«, sagte er ruhig. »Und ihr, Leute, nehmt euch in Zukunft zusammen«, fügte er mit gelassener Stimme hinzu. Nachdenklich sah er den Leuten, die sich sichtlich beeindruckt zurückzogen, eine Weile nach. »Frühstück, Steward«, hörte man ihn dann in erleichtertem Ton in den Kajütseingang rufen. »Das mocht' ich gar nicht sehen, wie Sie dem Kerl die Pinne gaben. Ouch, Sir«, bemerkte der Erste. »Er hätte Ihnen damit den Kopf – Ouch! – den Kopf einschlagen können, wie

158

eine Eierschale.« – »Oh!« murmelte der Kapitän geistesabwesend. »Komische Bande«, fuhr er halblaut fort, »denk, es ist jetzt alles wieder in Ordnung. Man kann zwar heutzutage nie wissen, mit solch einer... Vor Jahren einmal, ich war damals junger Kapitän in der China-Fahrt, hatte ich eine Meuterei, eine richtige Meuterei, Baker. Waren doch andere Leute. Ich wußte, was sie wollten; sie wollten die Ladung berauben und an den Schnaps gehen. Ganz einfach... Wir jagten sie zwei Tage lang umher, bis sie genug hatten – fromm wie die Lämmer. Gute Mannschaft. Und eine gute Reise habe ich gemacht.« Er blickte nach oben zu den scharf angebraßten Rahen. »Tag für Tag Wind von vorn«, rief er verbittert aus. »Werden wir diese Reise überhaupt keinen anständigen Wind mehr kriegen?« – »Angerichtet, Sir«, sagte der Steward, der wie durch Zauberei vor ihnen mit einer fleckigen Serviette auftauchte. »Ah, gut! Kommen Sie, Baker, es ist spät geworden – durch all den Unsinn.«

V

Eine dumpfe Atmosphäre bedrückender Stille lag über dem Schiff. An den Nachmittagen beschäftigten sich die Leute damit, ihr Zeug zu waschen und es zum Trocknen in dem ungünstigen Wind aufzuhängen. In ihrer Mattheit waren sie nachdenklich wie ernüchterte Philosophen. Gesprochen wurde wenig. Die Probleme des Lebens schienen über die engen Grenzen der menschlichen Sprache hinauszugehen und wurden einmütig der gewaltigen See überlassen, die sie von Anfang an mit unermeßlicher Gewalt beherrschte, der See, die alles wußte und jedem zu seiner Zeit die Weisheit enthüllte, die in allen Irrtümern verborgen steckt; die Gewißheit, die in allen Zweifeln lauert, das Reich der Geborgenheit und des Friedens, jenseits der Grenzen des Leides und der Furcht. Und aus dem wirren Strom ihrer schwächlichen Gedanken, der sie unaufhörlich durchflutete, tauchte plötzlich Jimmy an die Oberfläche und erregte ihre Aufmerksamkeit, wie eine schwarze Boje, die auf dem Grunde eines schlammigen Flusses verankert ist. Die Lüge triumphierte. Sie triumphierte durch Zweifel, Dummheit, Mitleid und Sentimentalität. Wir selbst taten alles, sie zu verteidigen, aus Mitleid, Sorglosigkeit, Freude am Spaß. Es war ein ungeheures Rätsel, wie Jimmy angesichts der unvermeidlichen Wahrheit hartnäckig an seiner unwahren Rolle festhielt. Es wirkte wie eine großartige, unbegreifliche Offenbarung, die uns bisweilen mit staunender Ehrfurcht erfüllte. Und es gab nur zu viele, die ein eigenes Vergnügen daran fanden, ihn bis zum Äußersten zu narren. Wieviel verborgene Selbstsucht in der Besorgtheit um den Leidenden liegt, das zeigte sich in der

160

wachsenden Furcht, Jimmy sterben zu sehen. Die Hartnäckigkeit, mit der er sich weigerte, die einzige Gewißheit anzuerkennen, deren Nahen wir von Tag zu Tag beobachten konnten, war beunruhigend wie das Versagen eines Naturgesetzes. Er war sich über seinen Zustand so völlig im unklaren, daß man nur annehmen konnte, es habe sich ihm eine übernatürliche Wissensquelle erschlossen. Sein Verhalten widersprach jeder Vernunft und erschien uns bald wie die Folge einer inneren Erleuchtung. Er war einzigartig und faszinierend, wie es nur etwas Übermenschliches sein kann. Er schien uns seine Nein-Rufe schon von jenseits der furchtbaren Grenze zuzurufen. Er begann körperlos zu werden wie ein übernatürliches Wesen. Seine Backenknochen traten hervor, seine Stirn fiel steil ab, das ganze Gesicht war eingesunken und zeigte tiefe Schatten. Der fleischlose Kopf sah aus wie ein ausgegrabener schwarzer Totenschädel mit zwei unruhigen Silberkugeln in den Augenhöhlen. Er war einfach demoralisierend. Wir wurden durch ihn sehr menschenfreundlich, zartfühlend und ganz und gar verweichlicht. Wir hatten Verständnis für die feinsten Abstufungen seiner Angst und Mitgefühl für seine Abneigungen, Ausflüchte und Selbsttäuschungen – als wären wir ungewöhnlich human, innerlich morsch und ohne jedes Verständnis für den Sinn des Lebens. Wir erweckten den Anschein von Männern, die in irgendwelche schändliche Geheimnisse eingeweiht waren, und trugen die verschlossenen Gesichter von Verschwörern zur Schau. Wir wechselten bedeutungsvolle Blicke und kurze anzügliche Worte. Wir waren unsäglich niederträchtig und dabei mit uns selbst sehr zufrieden. Wir belogen ihn mit gespielter Feierlichkeit, salbungsvoll und gerührt, als spielten wir eine moralische Komödie mit der Aussicht auf ewigen Lohn. Wir pflichteten im Chor seinen tollsten Behauptungen bei, als wäre er ein Millionär, ein Politiker oder Reformator – und als wären wir eine Horde ehrgeiziger Trottel. Und wenn wir es einmal wagten, seine Behauptungen in Frage zu stellen, dann taten wir es in der Art beflissener Speichellecker, so daß am Ende sein Nimbus durch unsern schmeichelhaften Widerspruch nur noch größer wurde. Er übte einen solchen Einfluß auf unsern Geisteszustand aus, als stünde es in seiner Macht, Ehren, Schätze oder Schmerzen zu verteilen – dabei konnte er uns doch nichts anderes als seine Verachtung zeigen, und die war grenzenlos. Sie schien im gleichen Maße zu wachsen, wie sein Körper Tag für Tag vor unsern Augen mehr verfiel. Diese Verachtung war das einzige an ihm – in ihm, was den Eindruck von Dauerhaftigkeit und Kraft hervorrief. Sie beherrschte sein Leben mit unstillbarer Gewalt, sie sprach aus jedem Wort, das zwischen seinen ewig maulenden, dunklen Lippen hervordrang, und diese Verachtung sah uns mit jedem seiner Blicke an, die er aus seinen matten, weit geöffneten Augen mit zudringlicher Traurigkeit auf uns richtete. Wir beobachteten ihn gespannt. Anscheinend vermied er jede Bewegung, als mißtraute er seinem eigenen körperlichen Vermögen. Die geringste Anstrengung mußte ihm (es konnte sicherlich nicht anders sein) seine körperliche Schwäche zum Bewußtsein bringen und einen jähen seelischen Schmerz hervorrufen. Er war daher sehr behutsam, lag langgestreckt mit dem Kinn auf der Decke in einer Art verstohlener, vorsichtiger Unbeweglichkeit in seiner Koje. Nur seine Augen ließ er unruhig über unsere Gesichter hinwandern, mit seinen verächtlichen, durchdringenden Blicken voller Traurigkeit.

Belfast errang damals durch seine Zuneigung zu Jimmy und auch durch seine Streitsucht allgemeines Ansehen. Jeden Augenblick seiner freien Zeit verbrachte er in der Kammer des Schwarzen. Er pflegte ihn, sprach mit ihm, war sanft wie eine Frau, mitfühlend und heiter wie ein alter Philanthrop, und überdies so zärtlich um seinen Nigger besorgt wie ein vorbildlicher Sklavenhalter. Draußen jedoch war er reizbar, explosiv wie Schießpulver, schwermütig, mißtrauisch und um so widerwärtiger, je unglücklicher er war. Er schwankte zwischen Mitleid und Schlägen für jeden, der sich nicht peinlich genau an die anerkannt richtige Ansicht über Jimmys Fall zu halten schien. Wir sprachen über nichts anderes mehr. Sogar die beiden Skandinavier diskutierten über den Fall – aber niemand wußte, in welchem Sinne, da sie sich in ihrer eigenen Sprache stritten. Belfast hatte den einen von ihnen im Verdacht, daß er es dabei an der nötigen Ehrerbietung fehlen lasse, und glaubte, daß ihm in dieser Ungewißheit keine andere Wahl bliebe, als sich mit beiden zu schlagen. Diese Roheit erschreckte die zwei so sehr, daß sie von da an wie Taubstumme unter uns lebten. Wamibo drückte sich nie verständlich aus, und lächeln konnte er ebensowenig wie ein Tier. Da er ferner von der ganzen Angelegenheit weniger zu wissen schien als unsere Katze, blieb er infolgedessen unbehelligt. Überdies hatte er zu der auserwählten Schar jener gehört, die Jimmy retteten, und war schon deswegen über jeden Verdacht erhaben. Archie war im allgemeinen schweigsam, brachte aber des öfteren etwa eine Stunde damit zu, ruhig mit Jimmy zu sprechen, als habe er ein Eigentumsrecht auf ihn. Zu jeder Tageszeit und oft auch während der Nacht konnte man jemand auf Jimmys Seekiste sitzen sehen. Zwischen sechs und acht Uhr abends war die Kammer überfüllt, und an der Tür drängte sich eine teilnahmsvolle Gruppe von Leuten. Alle starrten den Nigger an.

Er sonnte sich in der Wärme unsrer allgemeinen Anteilnahme. In seinen Augen schimmerte Ironie, und mit schwacher Stimme warf er uns Feigheit vor. »Wenn ihr Kerls für mich eingetreten wärt, dann könnte ich jetzt an Deck sein«, pflegte er dann zu sagen, und wir ließen die Köpfe hängen. »Ja, aber wenn ihr glaubt, ich würde mich in Eisen legen lassen, nur damit ihr euren Spaß habt, das …, nein … Dieses Herumliegen ruiniert meine Gesundheit, das tut es. Euch macht's ja nichts aus.« Er

163

brachte uns damit so aus der Fassung, als wäre alles wahr, was er sagte. Seine grandiose Unverschämtheit siegte auf der ganzen Linie. Wir wagten es einfach nicht, uns aufzulehnen, und in Wirklichkeit wollten wir es auch gar nicht. Wir wollten ihn am Leben erhalten, bis wir heimkamen – bis zum Ende der Reise.

Singleton hielt sich wie gewöhnlich abseits und schien die belanglosen Ereignisse dieses zu Ende gehenden Lebens gering einzuschätzen. Nur einmal kam er vorbei und blieb unerwartet an der Tür stehen. Schweigend schaute er Jimmy an, als wolle er sich dieses schwarze Bild einprägen und der langen Reihe Schatten hinzufügen, die sein altes Gedächtnis bevölkerten. Wir verhielten uns ganz still, und Singleton blieb eine lange Zeit dort stehen, als sei er auf Verabredung gekommen, um jemand zu rufen oder um einem bedeutsamen Vorfall beizuwohnen. James Wart lag völlig still und bemerkte offenbar den prüfenden Blick nicht, der fest und erwartungsvoll auf ihm ruhte. Eine Art Kampfstimmung lag in der Luft. Wir waren innerlich so gespannt, als seien wir Zeugen eines Ringturniers. Endlich wandte Jimmy mit sichtlichem Unbehagen den Kopf auf dem Kissen. »Guten Abend«, sagte er in einem sehr entgegenkommenden Ton. – »Hm«, antwortete der alte Seemann mürrisch, sah Jimmy noch einen Augenblick streng an und ging dann plötzlich weg. Es dauerte lange, bis einer in der Kammer wieder das Wort ergriff, obgleich wir alle aufatmeten, als seien wir einer gefährlichen Situation entronnen. Wir alle kannten die Ansichten des alten Mannes über Jimmy, und niemand wagte ihnen entgegenzutreten. Sie waren beunruhigend, quälten uns, und was noch schlimmer war, sie konnten trotz allem, was wir wußten, vielleicht sogar richtig sein. Nur einmal hatte er sich herabgelassen, sie uns ausführlich zu erklären; aber das hatte genügt, uns nachhaltig zu beeindrucken. Er sagte, Jimmy sei an dem Gegenwind schuld.

Todkranke Menschen, so behauptete er, siechen dahin, bis zum ersten Mal Land in Sicht kommt, und dann sterben sie. Und Jimmy wußte, daß das erste Land, das in Sicht kam, ihn das Leben kosten würde. So sei es auf allen Schiffen. Wußten wir das nicht? Mit verächtlicher Geringschätzung fragte er uns, was wir überhaupt wüßten. Woran wir nächstens noch zweifeln wollten? Jimmys Verlangen, das wir noch ermutigten, und Wamibos Zaubersprüche (er war ein Finne – nicht wahr?) hielten das Schiff auf hoher See zurück. Nur unerfahrene, verrückte Landratten könnten das nicht einsehen. Wer hat je von solchen andauernden Windstillen und Gegenwinden gehört? Das war nicht natürlich... Wir konnten nicht leugnen, daß es ungewöhnlich war. Wir fühlten uns unbehaglich. Die übliche Redensart: »mehr Tage, mehr Dollar« konnte uns nicht wie sonst über die lange Reisedauer hinwegtrösten, weil wir schon knapp an Proviant waren. Am Kap war viel verdorben, und wir bekamen nur noch die halbe Ration Hartbrot. Erbsen, Zucker und Tee waren schon seit langem verbraucht, und das Salzfleisch war rationiert. Wir hatten eine Menge Kaffee, aber nur knapp Wasser, um ihn zu kochen. Wir schnallten unsere Riemen ein Loch enger und schrappten, lackten und malten das Schiff von morgens bis abends, daß die Narzissus bald wie aus dem Ei gepellt aussah. Aber an Bord herrschte Hunger. Wir waren nicht am Verhungern, aber der ständige nagende Hunger schlich über Deck, schlief im Logis, war der Quälgeist im Wachen und der Störenfried unserer Träume. Wir spähten in Luv nach Anzeichen für einen Wetterwechsel. Tag und Nacht gingen wir alle paar Stunden über Stag, in der Hoffnung, der Wind würde über den neuen Bug raumen. Er tat es aber nicht. Die Narzissus schien den Heimweg vergessen zu haben; sie lief hin und her, bald lag Nordwest, bald Ost an; sie rann vorwärts und rückwärts, verwirrt wie ein ängstliches Tier am Fuße einer Mauer. Mitunter wälzte sie sich träge, wie zu Tode erschöpft, den ganzen Tag über in der sanften Dünung einer spiegelglatten See. Bis hoch in die Toppen der wild hin und her schwankenden Masten schlugen die Segel wütend in der schwülen Flaute. Wir waren müde, hungrig und durstig und begannen Singleton zu glauben, verheimlichten es aber standhaft vor Jimmy. Wir unterhielten uns mit ihm in scherzhaften Anspielungen, als seien wir seine fröhlichen Komplizen in einem schlau ausgedachten Komplott – doch dann schauten wir wieder sehnsüchtig über die Reling nach dem Westen, nach einem Hoffnungsschimmer, nach einem Anzeichen für günstigen Wind, wenn auch der erste Hauch unserem widerstrebenden Jimmy den Tod bringen sollte. Aber vergebens! Das Weltall hatte sich mit James Wart verschworen. Immer wieder kam etwas leichte Brise aus dem Norden auf. Der Himmel blieb klar, und rings um unsere Mühsal dehnte sich die vom Wind leicht bewegte See wollüstig in der strahlenden Sonne, als habe sie unser Leben und unsere Not vergessen.

Donkin hielt mit den andern Ausschau nach günstigem Wind. Keiner wußte, was für boshafte Gedanken er jetzt mit sich herumtrug. Er war schweigsam und schien noch magerer, als zehre ihn langsam die innere Wut über die Ungerechtigkeit der Menschen und über sein Schicksal auf. Keiner beachtete ihn, und auch er sprach zu niemand; aber der Haß gegen alle sah ihm aus seinen unsteten Augen. Er unterhielt sich nur mit dem Koch, nachdem er den guten Mann irgendwie davon überzeugt hatte, daß er – Donkin – ein arg verleumdetes und verfolgtes Geschöpf sei. Gemeinsam beklagten sie die Unmoral der ganzen Schiffsbesatzung. Es konnte keine größeren Verbrecher geben als uns, die wir uns mit unsern Lügen verschworen hatten, die unvorbereitete Seele eines armen, unwissenden Schwarzen der ewigen Verdammnis zu überliefern. Podmore kochte, was es noch zu kochen gab, mit schlechtem Gewissen, denn

er war von Anfang an davon überzeugt, daß er sein eigenes
Seelenheil gefährde, wenn er solchen Sündern die Nahrung
zubereite. Was nun den Kapitän betraf – er sei jetzt sieben
Jahre lang mit ihm zusammen gefahren, sagte er, und hätte es
nie für möglich gehalten, daß so ein Mann … »Na, gut, es war
nun mal geschehen … komm nicht darüber hinweg. Die gute
Meinung in einem Augenblick über den Haufen geworfen …
Alles Ansehen verloren … Eher eine plötzliche göttliche Heim-
suchung als sonstwas.« Donkin hockte mürrisch auf dem Koh-
lenkasten, schlenkerte mit den Beinen und schimpfte mit. Für
das Vorrecht, in der Kombüse sitzen zu dürfen, zahlte er mit
der Münze verlogener Zustimmung. Er war niedergeschlagen
und entrüstet. Mit dem Koch war er einer Meinung, daß Worte
nicht ausreichten, um unser Verhalten anzuprangern; und
wenn er dann in der Hitze seiner Verwünschungen auf uns
fluchte, tat Podmore so, als hörte er es nicht, denn am liebsten
hätte er mitgeflucht, wenn dies nicht gegen seine Grundsätze
gewesen wäre. Donkin, der auf diese Weise allen Vorwürfen
entging, fluchte nun für zwei, bettelte um Streichhölzer, borgte
sich Tabak und drückte sich stundenlang, als wäre er hier zu
Hause, am warmen Herd in der Kombüse herum. Von dort
konnte er uns auf der anderen Seite des Schotts mit Jimmy
sprechen hören. Der Koch stieß mit den Kochtöpfen herum,
schlug die Herdtür zu und murmelte vernichtende Prophezeiun-
gen für die ganze Schiffsbesatzung. Donkin, der an kein Jenseits glaubte, außer wenn er es zum Fluchen brauchte, hörte
konzentriert und voller Wut zu und freute sich hämisch über
die vom Koch heraufbeschworenen Vorstellungen von endlosen
Martern – wie sich Menschen an den abscheulichsten Bildern
grausamer Rachsucht und gierigen Machthungers weiden …
An klaren Abenden erweckte das geräuschlos dahingleitende
Schiff im kalten Licht des bleichen Mondes den falschen Anschein leidenschaftsloser Ruhe, wie ein Winterabend an Land.

Ein langer Goldstreifen zog sich über die schwarze Oberfläche des Meeres hin. Schritte hallten über das ruhige Deck. Der Mondschein hielt das Schiff wie Rauhreif umklammert, und die weißen Segel ragten daraus wie blendende Lichtkegel aus fleckenlosem Schnee empor. Im Glanz der gespenstischen Strahlen sah das Schiff makellos wie eine Vision von idealer Schönheit aus, trügerisch wie ein zarter Traum von ungetrübtem Frieden. Nichts war auf der *Narzissus* wirklich, deutlich und fest bis auf die schweren Schatten, die mit ihrem unaufhörlichen und lautlosen Treiben die Decks füllten: Schatten, dunkler als die Nacht und ruheloser als die Gedanken der Menschen.

Boshaft und einsam strich Donkin unter diesen Schatten umher. Seiner Meinung nach zögerte Jimmy zu lange mit dem Sterben. An diesem Abend war von oben Land gemeldet worden, und der Kapitän hatte beim Einstellen seines langen Glases verbittert zum Ersten gesagt, daß nun, nachdem sie sich Zoll für Zoll ihren Weg bis zu den Azoren erkämpft hätten, auch jetzt nichts anderes mehr als Flaute zu erwarten wäre. Der Himmel war klar, und das Barometer stand hoch. Die leichte Brise schlief bei Sonnenuntergang ein, und eine ungeheure Stille, Vorbote einer Nacht ohne Wind, senkte sich auf die erhitzte Oberfläche des Ozeans. Solange noch Tageslicht war, stand die Mannschaft versammelt auf der Back und beobachtete am östlichen Himmel die Insel Flores, die sich über die weite ebene Fläche des Meeres in unregelmäßigen, zerklüfteten Umrissen erhob wie eine düstere Ruine über einer weiten verlassenen Ebene. Es war seit fast vier Monaten das erste Land, das wir in Sicht bekamen. Charley war aufgeregt und erlaubte sich angesichts der allgemeinen nachsichtigen Stimmung allerhand Freiheiten gegenüber seinen Vorgesetzten. Die Leute waren in ungewohnt gehobener Stimmung, ohne zu wissen warum. Sie unterhielten sich in Gruppen und gestikulierten mit entblößten Armen. Zum ersten Mal wäh-

168

rend dieser Reise schien das Scheindasein Jimmys angesichts einer handfesten Wirklichkeit vergessen zu sein. So weit waren wir jedenfalls gekommen. Belfast hielt Vorträge über unwahrscheinlich kurze Heimreisen von den Azoren. »Diese schnittigen Fruchtschoner machen es in fünf Tagen«, versicherte er. »Was wollt ihr? – Nur ein bißchen guten Wind.« Archie behauptete, daß die Rekordreise sieben Tage sei. Man stritt sich in aller Freundschaft, und die Schimpfworte gingen dabei hin und her. Knowles erklärte, er könne von hier aus die Heimat schon riechen, und hielt sich dabei mit schwerer Schlagseite auf seinem kurzen Bein vor Lachen die Seiten. Eine Gruppe grauhaariger Seeleute blickte eine Zeitlang schweigend mit gespannter Miene nach der Küste. Einer sagte plötzlich: »Es ist jetzt nicht mehr weit bis London.« – »Meine erste Nacht an Land, verflucht nochmal, wenn es dann nicht ein Steak mit Zwiebeln zum Abendbrot gibt…« – »Und einen halben Liter«, fügte ein anderer hinzu. »Ein Faß, meinst du wohl«, rief ein dritter. »Rührei mit Schinken, dreimal am Tage, so mach ich's!« schrie eine aufgeregte Stimme. Die Erregung wuchs, man hörte beifälliges Murmeln, die Augen begannen zu glänzen, Kiefer zu knirschen, man hörte kurzes nervöses Auflachen. Archie lächelte zurückhaltend vor sich hin. Singleton kam herauf, blickte sich gleichgültig um und ging wieder hinunter, ohne ein Wort zu sagen, gleichgültig, wie ein Mann, der Flores schon ungezählte Male gesehen hat. Die im Osten aufziehende Nacht löschte den purpurnen Flecken hohen Landes am klaren Himmel aus. »Totenstille«, sagte jemand leise. Das Gemurmel der lebhaften Unterhaltung wurde plötzlich unterbrochen und verstummte bald ganz. Die Gruppen lösten sich auf, die Leute verzogen sich, einer nach dem andern, und stiegen langsam die Treppe hinab, mit ernsten Gesichtern, als hätte sie die Erinnerung an ihre Abhängigkeit von dem Unsichtbaren wieder ernüchtert. Und als der große gelbe Mond allmählich über die scharfe Kante des klaren Horizonts emporstieg, fand er das Schiff in Schweigen und Windstille eingehüllt. Ein furchtloses Schiff, das tief und traumlos am Busen der ruhenden, schrecklichen See zu schlummern schien.

Donkin ärgerte sich über den Frieden, über das Schiff, über die See, die sich nach allen Seiten bis in die grenzenlose Stille der Schöpfung erstreckte. Er fühlte sich aus irgendeinem unerkannten Grunde sehr mitgenommen. Man hatte ihn körperlich geduckt, aber sein gekränktes Selbstgefühl war nicht unterzukriegen, und nichts konnte seine Verstimmung vertreiben. Hier war schon das Land – bald zu Hause – eine schlechte Abrechnung – kein Zeug – wieder harte Arbeit. Wie ekelhaft das alles war. Land. Das Land, das den kranken Seeleuten die letzte Kraft aus den Knochen saugt. Dieser Nigger da, hatte Geld – Zeug – lebte einen herrlichen Tag und wollte nicht sterben. Land kostet das Leben ... Er fühlte sich versucht, nachzusehen, ob es das tatsächlich tat. Vielleicht schon ... das wäre noch ein bißchen Glück. Da war ja Geld in der Seekiste des Kerls. Er trat mit einem raschen Schritt aus dem Schatten in den Mondschein, und sogleich kam Leben in sein bleiches, hungriges und gieriges Gesicht. Er öffnete die Tür von Jimmys Kammer und war entsetzt. Kein Zweifel, Jimmy war tot! Er bewegte sich nicht mehr als eine mit gefalteten Händen ruhende Figur auf dem Deckel eines Sarges. Habgierig starrte Donkin ihn an. Dann blinzelte Jimmy, ohne sich zu bewegen, mit den Augen. Das versetzte Donkin einen zweiten Schlag. Diese Augen konnten einem schon Schrecken einjagen. Behutsam schloß er die Tür hinter sich und sah dabei James Wart gespannt an, als sei er unter großer Gefahr hier hereingekommen, um ein Geheimnis von erregender Bedeutung zu verraten. Jimmy rührte sich nicht und sah nur matt aus den Augenwinkeln nach ihm hin. »Flaute?« fragte er. – »Ja«, erwiderte Donkin sehr enttäuscht und setzte sich auf die Seekiste.

Jimmy war an solche Besuche zu jeder Tages- und Nachtzeit gewöhnt. Die Besucher folgten aufeinander. Sie sprachen zuversichtlich mit ihm, gönnten ihm ein freundliches Wort, erzählten alte Witze, hörten ihm zu, und jeder, der ihn verließ, schien ein Stück seiner eigenen Lebenskraft zurückzulassen, etwas von seiner eigenen Stärke zu opfern, um Jimmys Lebenszuversicht, diese unzerstörbare Kraft, immer wieder zu erneuern. Er mochte nicht gern allein in seiner Kammer sein, denn wenn er allein war, schien es ihm, als existiere er gar nicht mehr. Es gab dann nichts mehr. Keine Schmerzen. Jetzt nicht. Vollkommen gesund – aber er konnte seine erholsame Ruhe nicht genießen, wenn es keiner sah. Dieser Mann da war dafür ebensogut wie jeder andere. Donkin beobachtete ihn verstohlen. »Sind jetzt bald zu Hause«, bemerkte Wart. – »Warum flüsterst du?« fragte Donkin interessiert. »Kannst du nicht laut sprechen?« Jimmy sah verärgert vor sich hin und sagte eine Weile gar nichts, dann fuhr er müde mit tonloser Stimme fort: »Warum soll ich schreien? Du bist doch nicht taub, soviel ich weiß.« – »Oh, ich kann gut genug hören«, antwortete Donkin leise und sah dabei zu Boden. Er dachte gerade betrübt daran, wegzugehen, als Jimmy wieder anfing. »Wirklich Zeit, daß wir heimkommen ... damit wir was Anständiges zu essen kriegen ... ich bin immer hungrig.« Donkin wurde mit einem Male wütend. »Was soll ich denn sagen?« zischte er. »Ich bin auch hungrig und muß noch arbeiten. Du, hungrig!« – »Von deiner Arbeit stirbst du nicht«, bemerkte Wart matt. »Da sind noch ein paar Biskuits in der Unterkoje – kannst dir einen nehmen. Ich kann sie nicht essen.« Donkin steckte den Kopf in die Unterkoje, tastete mit der Hand in den Ecken herum und kam mit vollem Mund wieder hoch, heftig und geräuschvoll kauend. Jimmy schien mit offenen Augen zu dösen. Donkin aß sein Hartbrot auf und erhob sich. »Du willst doch nicht gehen?« fragte Jimmy und starrte dabei an die Decke.

171

»Nein«, erwiderte Donkin impulsiv, und anstatt hinauszugehen, lehnte er sich mit dem Rücken gegen die geschlossene Tür. Er blickte nach James Wart und sah ihn lang, dürr und ausgetrocknet daliegen, als wäre sein ganzes Fleisch in der Hitze eines Backofens bis auf die Knochen verdorrt. Die mageren Finger der einen Hand trommelten auf der Kante der Koje eine endlose Weise. Es war aufreizend und ermüdend, ihn anzusehen. Er konnte tagelang so weitermachen; es war unerhört, da er weder dem Tod noch dem Leben mehr gehörte und augenscheinlich in dieser Ahnungslosigkeit völlig unangreifbar war. Donkin fühlte sich versucht, ihn aufzuklären. »Woran denkst du?« fragte er unfreundlich. Über die totenähnliche Starre von Jimmys knochigem Gesicht huschte ein verzerrtes Lächeln, so unglaubhaft und schrecklich, wie einem im Traum das Lächeln eines Leichnams erscheinen mag.

»Da ist ein Mädchen«, flüsterte Wart ... »Canton-Street-Mädchen – Sie hat den Dritten Ingenieur von einem Schnelldampfer laufen lassen – meinetwegen. Kann Austern kochen, genau wie ich sie mag ... Sie sagt ... sie wollte jedem ... auch 'nem feinen Pinkel den Laufpaß geben – für einen farbigen Gentleman ... das bin ich. Ich bin immer nett zu den Frauen«, fügte er zum Schluß einen Deut lauter hinzu.

Donkin traute kaum seinen Ohren. Er war empört! »Wollte sie? Du würdest ihr nicht viel nutzen«, sagte er mit unverhohlenem Abscheu. Wart hörte gar nicht auf ihn. Er stolzierte in Gedanken den East-India Dock Road entlang, sagte freundlich: »Komm mit, ich spendier' einen«, stieß gläserne Schwingtüren auf und sah sich mit imponierender Sicherheit an der hellerleuchteten Mahagonitheke stehen. »Denkst du denn, daß du jemals wieder an Land kommst?« fragte Donkin ärgerlich. Wart fuhr aus seinen Träumen hoch. »Zehn Tage«, erwiderte er prompt und kehrte sofort wieder zurück zu seinen zeitlosen Erinnerungen. Er fühlte sich ausgeruht, ruhig und geborgen

172

vor jeder quälenden Ungewißheit. Er spürte in diesen Augenblicken vollkommener Ruhe den unveränderlichen Glanz der Ewigkeit und fühlte sich leicht und unbeschwert inmitten seiner lebhaften Erinnerungen, die er irrtümlich für freudige Erlebnisse der nahen Zukunft hielt. Er kümmerte sich um sonst niemand. Donkin fühlte es dunkel, wie ein Blinder in seiner finsteren Welt den verhängnisvollen Zwiespalt der Menschen fühlt, die ihm doch ewig unsichtbar, unwirklich und beneidenswert bleiben. Es drängte ihn, seine persönliche Wichtigkeit zu beweisen, etwas zu zerschlagen und zu zerbrechen, mit allen für alles quitt zu werden, den Schleier zu zerreißen, die Maske abzunehmen, alles aufzudecken, keinen Ausweg zu lassen – ein heimtückischer Wunsch, die Wahrheit zu sagen! Er lachte spöttisch auf und sagte: »Zehn Tage, mich soll der Schlag treffen, wenn ich je …! Du bist morgen um diese Zeit vielleicht schon tot! Zehn Tage!« Er wartete eine Weile. »Hörst du mich? Verflucht noch mal, wenn du nicht schon wie tot aussiehst.«

Wart mußte wohl seine ganze Kraft zusammengenommen haben, denn er sagte laut: »Du bist ein stinkender, schnorrender Lügner. Dich kennt jeder!« Dabei setzte er sich hoch, was so unwahrscheinlich aussah, daß sein Besucher einen furchtbaren Schrecken bekam. Donkin faßte sich aber bald wieder und polterte los:

»Was? Was? Wer ist ein Lügner? Du bist einer – der ganze Haufen – der Alte – alle. Ich bin keiner! Sich hier aufspielen! Wer bist du denn?« Er erstickte fast vor Entrüstung. »Wer bist du denn, daß du dich so aufspielst?« wiederholte er vor Wut zitternd. »Kannst dir einen nehmen – kannst dir einen nehmen, sagt er und kann sie nicht selbst essen. Jetzt will ich sie beide haben. Bei Gott – das will ich! Du hast nichts zu sagen.« Er tauchte in die Unterkoje, wühlte darin herum und brachte einen zweiten, verstaubten Biskuit ans Licht. Er hielt ihn Jimmy vor die Nase und biß dann herausfordernd ein Stück ab.

»Was jetzt?« fragte er unverschämt. »Du darfst dir einen nehmen – sagst du. Warum gibst du nicht beide? Nein. Ich bin ein
räudiger Hund. Einen für den räudigen Hund. Und ich nehm'
mir beide. Kannst du mich hindern? Versuch's, komm, versuch's.« Jimmy umklammerte seine Beine und senkte sein Gesicht auf die Knie. Das Hemd klebte ihm am Körper, jede Rippe
war zu sehen. Sein ausgemergelter Rücken wurde ruckweise
von keuchenden Atemzügen geschüttelt. »Du willst nicht? Du
kannst nicht! Was hab' ich gesagt?« tobte Donkin weiter. Hastig schluckte er noch einen trockenen Bissen herunter. Die
schweigende Hilflosigkeit, die Schwäche, die klägliche Haltung
des andern reizten ihn immer mehr. »Du bist fertig!« schrie
er. »Wer bist du denn, daß man dich anzulügen hat und wie
einen Kaiser von vorn und hinten bedient? Du bist gar nichts.
Überhaupt nichts!« Er stieß die Worte so überzeugt und wütend heraus, daß sein ganzer Körper bebte und hinterher noch
wie eine entspannte Saite zitterte.

James faßte sich wieder. Er hob den Kopf und wandte sich unerschrocken gegen Donkin, der in ein fremdes, unbekanntes
Gesicht blickte, eine seltsame, fratzenhafte Maske voll Hoff-
nungslosigkeit und Wut. Seine Lippen bewegten sich schnell,
und dumpfe, stöhnende und pfeifende Laute erfüllten die Kammer mit einem undeutlichen Geräusch, aus dem Drohung,
Klage und Verzweiflung klangen, wie aus dem fernen Heulen
eines aufkommenden Sturmes. Wart schüttelte den Kopf,
rollte die Augen, leugnete, fluchte, drohte – aber er hatte nicht
die Kraft, auch nur ein Wort über die kummervollen, dicken,
schwarzen Lippen zu bringen. Es war unverständlich und ver-
wirrend: ein Kauderwelsch von Gefühlen, ein wahnsinniges
stummes Spiel mit Worten, die flehentlich um unmögliche
Dinge baten und eine unbestimmte Vergeltung verhießen.
Donkin war von dem Ausbruch ernüchtert und beobachtete
Jimmy mit kritischer Wachsamkeit.

»Du kriegst keinen Ton mehr heraus. Siehst du. Was hab' ich
dir gesagt?« sagte er langsam, nachdem er ihn einen Augenblick prüfend angeschaut hatte. Der andere fuhr ungestüm und
unhörbar fort, nickte leidenschaftlich, schnitt groteske Frat-
zen, wobei seine großen weißen Zähne schreckenerregend in
dem schwarzen Gesicht aufblitzten. Wie fasziniert von der
stummen Beredsamkeit und dem Wutanfall, näherte sich Donkin dem schwarzen Gespenst und reckte in mißtrauischer Neugier den Hals, und plötzlich hatte er das Gefühl, als sehe er
nur den Schatten eines Mannes, der vor seinen Augen in der
Oberkoje zusammengekauert saß. »Was? Was?« sagte er. Er
glaubte in dem andauernden keuchenden Zischen einige Worte
aufgefangen zu haben. »Du willst es Belfast sagen? Willst
du? Verflucht, bist du ein kleines Kind?« Er war bestürzt und
zitterte vor Wut. »Erzähl's deiner Großmutter! Du hast Angst!
Was bist du denn, daß du mehr Angst als sonst einer hast?«
Das Gefühl seiner eigenen Wichtigkeit verflog zugleich mit
dem letzten Rest von Vorsicht. »Sag's und geh' zum Teufel!
Sag's, wenn du kannst!« schrie er. »Ich bin von euch verdammten Arschleckern schlechter als ein Hund behandelt worden.
Die haben mich dazu gebracht, nur um über mich herzufallen.
Ich bin der einzige Mann hier. Die haben mich geschlagen, mit
den Füßen getreten – und du hast gelacht – du schwarzes ver-
rottetes Stück Ballast, du! Dafür wirst du mir bezahlen. Die
geben dir ihren Fraß, ihr Wasser – dafür wirst du mir zahlen,
bei Gott! Wer hat mich gefragt, ob ich einen Schluck Wasser
haben will? Die haben dich mit ihrem Zeug zugedeckt – damals
nachts – und was haben sie mir gegeben? – Eins in die Fresse –
verdammt ihre … Dafür zahlst du mit deinem Geld. Ich werd's
gleich haben, sobald du tot bist, du verfluchter, unnützer
Schwindler. So ein Mann bin ich. Und du bist ein Ding – ein
elendes Ding. Ach, du Kadaver!«
Er warf den Biskuit, den er die ganze Zeit über krampfhaft

festgehalten hatte, nach Jimmys Kopf, streifte ihn aber nur, worauf das harte Stück Brot mit einem lauten Krach gegen das Schott schlug und wie eine Handgranate in tausend Stücke sprang. James Wart fiel wie tödlich getroffen auf sein Kissen zurück. Seine Lippen hörten auf, sich zu bewegen, seine flakkernden Augen wurden ruhig und starrten unverwandt an die Decke. Donkin war überrascht. Er setzte sich schnell auf die Seekiste und sah erschöpft und finster vor sich hin. Nach einer Pause begann er zu murmeln: »Stirb, du Kaffer – stirb! Es wird gleich jemand reinkommen … Ich wollt, ich wär' besoffen. Zehn Tage … Austern …« Er blickte hoch und fuhr lauter fort: »Nein, nicht mehr für dich – keine verfluchten Mädchen mehr, die Austern kochen … Wer bist du? Jetzt bin ich an der Reihe … Ich wollt', ich wär' besoffen; würde dir bald hinauf helfen. Dort, wo du hingehörst. Mit den Füßen zuerst durch eine Pforte … Platsch! Seh' dich nie wieder. Über Bord! Gut genug für dich.«

Jimmy machte eine schwache Kopfbewegung und richtete seine Augen auf Donkins Gesicht mit dem ungläubigen, verzweifelten, flehenden Ausdruck eines erschreckten Kindes, das allein im Dunkeln eingeschlossen werden soll. Donkin beobachtete ihn von seinem Platz aus mit hoffnungsvollen Augen. Dann versuchte er, ohne aufzustehen, den Deckel der Seekiste anzuheben. Verschlossen. »Ich wollt', ich wär besoffen«, murmelte er, sprang auf und horchte unruhig auf das ferne Geräusch von Schritten an Deck. Sie kamen näher – hörten auf. Jemand gähnte endlos, gerade vor der Tür. Dann entfernten sich die Fußtritte träge schlurfend. Donkins klopfendes Herz begann sich wieder zu beruhigen, und als er sich der Koje zuwandte, sah er Jimmy immer noch auf den weißen Decksbalken starren. – »Wie geht's dir jetzt?« fragte er. – »Schlecht«, hauchte Jimmy.

Geduldig und entschlossen setzte sich Donkin wieder hin. Alle

176

halbe Stunde klangen hintereinander die beiden Glocken über das ganze Schiff. Jimmys Atem ging so rasch, daß man ihn nicht zählen, und so schwach, daß man ihn nicht hören konnte. Seine Augen blickten verängstigt, als sähen sie unsagbares Grauen; und an seinem Gesichtsausdruck war zu erkennen, daß er an furchtbare Dinge dachte. Plötzlich schluchzte er mit herzzerbrechender Stimme laut auf: »Über Bord ... ich ... Mein Gott!«

Donkin krümmte sich etwas auf der Seekiste und sah sich unwillig um. James Wart war stumm. Seine beiden langen knochigen Hände strichen die Decke hinauf, als wollte er sie ganz unters Kinn schieben. Eine Träne, eine einzelne, große Träne quoll aus dem Winkel seines Auges und fiel, ohne die hohle Wange zu berühren, auf das Kissen. Aus seiner Kehle drang ein leises Rasseln. Und Donkin, der das Ende des verhaßten Negers aufmerksam beobachtete, fühlte, wie sich bei dem Gedanken, daß er selbst eines Tages dies alles durchstehen müsse – genauso vielleicht –, quälende Angst mit beklemmendem Druck auf sein Herz legte. Seine Augen wurden feucht. »Armer Kerl«, murmelte er. Die Nacht schien wie im Nu zu verfliegen; es schien ihm, als könne er den eilenden Schritt der davoneilenden kostbaren Minuten hören. Wie lange würde diese verdammte Geschichte da noch dauern? Zu lange sicherlich. Kein Glück. Er konnte sich nicht mehr beherrschen, stand auf und näherte sich der Koje. Wart rührte sich nicht. Nur seine Augen schienen noch zu leben, und seine Hände fuhren mit unermüdlichem, schrecklichem Eifer fort, über die Decke zu streichen. Donkin beugte sich über ihn. »Jimmy«, rief er leise. Es kam keine Antwort, doch das Rasseln hörte auf. »Siehst du mich?« fragte er zitternd. Jimmys Brust hob sich. Donkin beugte sich nieder und hielt sein Ohr an Jimmys Mund, aus dem ein Geräusch drang, das sich wie das Rascheln eines auf weichem Sandstrand dahintreibenden trockenen Blattes anhörte. All-

177

mählich nahm das Rasseln eine feste Form an. »Licht... die
Lampe... und... geh«, hauchte Wart.

Donkin blickte unwillkürlich über die Schulter nach der brennenden Lampe, dann tastete er, immer noch mit abgewandtem
Blick, unter dem Kissen nach dem Schlüssel. Er fand ihn sofort
und machte sich in den nächsten paar Minuten mit zitternden
Knien in fliegender Hast an der Seekiste zu schaffen. Als er
aufstand, erglühte sein Gesicht – zum ersten Mal in seinem
Leben – in einem rötlichen Schimmer – vielleicht von Triumph.
Er schob den Schlüssel wieder unter das Kissen und vermied es
dabei, Jimmy anzusehen, der sich nicht gerührt hatte. Donkin
drehte der Koje seinen Rücken zu und ging auf die Tür zu, die
ihm meilenweit entfernt schien. Beim zweiten Schritt stieß er
sich an ihr. Vorsichtig griff er nach der Klinke, aber im selben
Augenblick hatte er den unwiderstehlichen Eindruck, daß hinter seinem Rücken etwas vorging. Er fuhr herum, als habe man
ihm auf die Schulter geklopft. Er konnte gerade noch sehen,
wie Jimmys Augen hell aufflammten und sofort wieder ver-
löschten, wie zwei durch einen heftigen Windstoß gleichzeitig
umgekippte Lampen. Etwas, das wie ein purpurner Faden aussah, hing aus dem Mundwinkel auf sein Kinn herab – und er
hatte aufgehört zu atmen.

Donkin schloß die Tür leise, aber fest hinter sich zu. Die Leute
der Wache kauerten unter ihren Jacken an Deck und schliefen.
Sie bildeten auf dem hellen Deck dunkle ungestalte Haufen,
die das Aussehen von ungepflegten Gräbern hatten. Die ganze
Nacht über war nichts zu tun gewesen, und man hatte ihn nicht
vermißt. Er blieb regungslos stehen und war völlig überrascht,
die Welt hier draußen so wiederzufinden, wie er sie verlassen
hatte. Da war die See, das Schiff – die schlafende Wache. – Es
kam ihm so sinnwidrig vor, als hätte er erwartet, die Männer
tot vorzufinden, die vertrauten Dinge für immer vernichtet
und, wie ein Wanderer, der nach vielen Jahren zurückkehrt,

war er auf verwirrende Veränderungen gefaßt gewesen. Es schauderte ihn leicht in der durchdringenden, kühlen Nachtluft, und wie verloren kroch er in sich zusammen. Der untergehende Mond verschwand bekümmert im Westen, als habe ihn der eisige Hauch der bleichen Dämmerung verjagt. Das Schiff schlief, und die unsterbliche See dehnte sich endlos weit in den Dunst, ein Bild des Lebens mit seiner glitzernden Oberfläche und den lichtlosen Tiefen. Donkin warf ihr einen herausfordernden Blick zu und schlich sich lautlos davon, wie gerichtet und geächtet von dem erhabenen Schweigen ihrer Macht.

Jimmys Tod traf uns am Ende doch als eine ungeheure Überraschung. Bis dahin hatten wir nicht gewußt, wieviel Vertrauen wir doch in seine Selbsttäuschung gesetzt hatten. Wir hatten seine Chancen, am Leben zu bleiben, so sehr nach seiner eigenen Bewertung eingeschätzt, daß sein Tod, dem Ende eines alten Glaubens vergleichbar, die Grundlagen unserer Gemeinschaft erschütterte. Die gemeinsamen Bande waren dahin. Die starken, wirksamen, achtbaren Bande einer rührseligen Lüge. Geistesabwesend verrichteten wir den ganzen Tag über unsere Arbeit mit argwöhnischen Blicken in einer von einem schweren Irrtum befreiten Atmosphäre. In unserem Innern waren wir der Überzeugung, daß Jimmy in einer widernatürlichen und unfreundlichen Art Abschied genommen hatte. Er hatte uns keinen Trost gelassen, wie es ein Fahrensmann hätte tun müssen. Im Scheiden noch nahm er das düstere feierliche Dunkel mit, darin sich unsere Torheit so lange selbstgefällig als zärtliche Lenkerin des Schicksals gefallen hatte. Und nun erkannten wir, daß es damit gar nichts war. Es war einfach Narrheit, eine verrückte, unwirksame Einmischung in Probleme von erhabener Bedeutung – das heißt, wenn Podmore recht hatte. Vielleicht hatte er recht? Der Zweifel überlebte Jimmy, und wie eine Gemeinschaft von Verbrechern durch einen Gnadenakt

179

aufgelöst und getrennt wird, so nahm auch bei uns jeder An-
stoß an den andern. Es gab einige, die sprachen unfreundlich zu
ihren intimsten Freunden; andere weigerten sich, überhaupt zu
sprechen. Nur Singleton war nicht überrascht. »Tot – ist er?
Natürlich«, meinte er und zeigte auf die Insel, die genau quer-
ab war, denn die Windstille hielt das Schiff wie festgebannt
in Sichtweite von Flores. Tot – natürlich. Er war nicht überrascht. Dort war das Land, und dort auf der Vorluke lag – auf
den Segelmacher wartend – der Leichnam. Ursache und Wirkung. Und zum ersten Mal auf dieser Reise wurde der alte
Seemann richtig heiter und gesprächig und erläuterte uns an
Beispielen aus dem Schatz seiner Erfahrung, daß bei einer
Krankheit das Insichtkommen einer Insel (sogar einer sehr
kleinen) meist verhängnisvoller sei als der Anblick eines ganzen
Kontinents. Aber er konnte nicht erklären, warum es so war.
Jimmy sollte um fünf Uhr bestattet werden, und bis dahin war
es ein langer Tag – ein Tag seelischen und sogar körperlichen
Unbehagens. Unsere Arbeit interessierte uns nicht, wofür wir
bald die entsprechenden Vorwürfe zu hören bekamen. Das
brachte uns in dem Zustand ständiger Verbitterung, den der
Hunger hervorrief, noch mehr auf. Donkin hatte sich zur Arbeit einen schmutzigen Lappen um die Stirn gebunden und sah
so totenblaß aus, daß Baker beim Anblick dieses beherzten Duldens von Mitleid erfaßt wurde. – »Ouch, Donkin, hör'
auf mit der Arbeit und geh' unter Deck. Du siehst krank aus.«
– »Mir geht's schlecht, Sir – in meinem Kopf«, sagte er unterwürfig und verschwand schleunigst. Das ärgerte viele, und sie
fanden, daß der Erste heute »verdammt sanft« sei. Kapitän
Allistoun stand auf der Poop und beobachtete den Himmel im
Südwesten, und rasch sprach es sich an Deck herum, daß das
Barometer in der Nacht zu fallen begonnen hatte und bald mit
Brise zu rechnen sei. Das führte durch eine flüchtige Gedanken-
verbindung zu einem heftigen Streit über den genauen Zeit-

punkt von Jimmys Tod. War es bevor oder nachdem das Glas fiel? Es war unmöglich festzustellen und führte dazu, daß sich alle gegenseitig verachtungsvoll beschimpften. Auf einmal gab es im Vorschiff einen mächtigen Tumult. Der friedliebende Knowles und der gutmütige Davis waren deswegen in eine Schlägerei geraten. Die Freiwache griff energisch ein, und etwa zehn Minuten lang tobte ein geräuschvolles Handgemenge rings um die Luke, wo im wechselnden Schatten der Segel Jimmys Leib, in eine weiße Decke gehüllt, vom kummervollen Belfast bewacht wurde, der es in seinem Schmerz verschmäht hatte, sich an der Schlägerei zu beteiligen. Als sich der Lärm gelegt und die Leidenschaften sich beruhigt hatten, erhob er sich am Kopfende des verhüllten Körpers, hob beide Arme in die Höhe und schrie schmerzerfüllt vor Entrüstung: »Ihr sollt euch vor euch selbst schämen!« ... Das taten wir auch.

Belfast nahm sich seinen schmerzlichen Verlust sehr zu Herzen und zeigte eine unauslöschliche Hingabe an den Toten. Er und kein anderer sollte dem Segelmacher helfen, Jimmys sterbliche Überreste zur feierlichen Übergabe an die unersättliche See herzurichten. Er verteilte sorgfältig die Gewichte am Fußende: zwei Scheuersteine, einen alten Ankerschäkel ohne Bolzen und einige gebrochene Glieder einer verbrauchten Ankerkette. Er staute sie immer wieder um. »Du meine Güte«, sagte der Segelmacher, dem die ganze Arbeit zuwider war, »du hast doch wohl keine Angst, daß er sich die Hacken durchscheuert?« Er steckte die Nadel ins Segeltuch und paffte dabei so wütend, bis sein Kopf in eine Rauchwolke gehüllt war, dann klappte er die Laschen über, holte die Stiche durch und zog das Segeltuch glatt. »Lüft mal seine Schultern hoch... hol etwas nach dir zu... so-o-o. Genug.« Belfast führte alles wortgetreu aus, er zog und hob ihn, bis ihn der Schmerz übermannte und seine Tränen auf das geteerte Garn tropften. »Zieh das Segeltuch doch nicht so dicht über sein Gesicht«, flehte er

den Segelmacher weinend an. »Was regst du dich bloß so auf –
er kriegt's schon bequem genug«, gab der Segelmacher zurück,
worauf er das Garn nach dem letzten Stich abschnitt, der unge-
fähr in der Mitte von Jimmys Stirn lag. Er rollte das restliche
Segeltuch auf und legte die Nadeln weg. »Was hast du dich
so?« fragte er. Belfast sah auf den langen grauen Ballen Segeltuch hinunter. – »Ich hab' ihn herausgezogen«, flüsterte er,
»und er wollte nicht fort. Wenn ich die letzte Nacht bei ihm
gewacht hätte, dann wär er schon meinetwegen am Leben geblieben ... aber irgend etwas hat mich müde gemacht.« Nach
ein paar heftigen Zügen aus seiner Pfeife murmelte der Segelmacher etwas von »Westindien ... als ich dort stationiert ...
Fregatte *Blanche* ... Gelbfieber ... zwanzig Mann jede Woche
eingenäht ... Portsmouth ... Davonport kamen die Leute –
Stadtmenschen. Kannte ihre Väter, Mütter, Schwestern – ihre
ganze Sippschaft. Nichts dabei gedacht. Und dieser Nigger, wie
der da – wissen gar nicht, wo sie herkommen. Haben niemand.
Für keinen da. Wer wird den vermissen?« – »Ich werd's – ich
hab' ihn rausgezogen«, klagte Belfast bedrückt.
Auf zwei zusammengenagelten Planken – augenscheinlich still
und ergeben – unter dem Union Jack mit weißem Rand wurde
James Wart von vier Mann nach achtern getragen und, die
Füße gegen eine offene Wasserpforte gerichtet, langsam nie-
dergesetzt. Vom Westen war Dünung aufgekommen, und beim
Überholen des Schiffes wehte die halbmast stehende britische
Handelsflagge am Heck einen Augenblick aus und fiel dann
wieder wie eine züngelnde Flamme am grauen Himmel in sich
zusammen. Charley läutete die Glocke, und jedesmal, wenn
das Schiff nach Steuerbord überholte, schien der ganze weite
Halbkreis stahlfarbenen Wassers auf dieser Seite plötzlich bis
zum Rand der Wasserpforte hochzukommen, als warte die
See schon ungeduldig auf Jimmy. Alle waren da außer Donkin, der zu krank war, um teilnehmen zu können. Der Kapi-

tän und Creighton standen barhäuptig vorn auf der Poop, und Baker, dem der Kapitän erklärt hatte: »Sie verstehen mehr von Gebetbüchern als ich«, trat hastig und etwas verlegen aus seiner Kammer. Alle nahmen die Mützen ab. Der Erste begann leise zu lesen mit dem ihm eigenen halbdrohenden Tonfall, so als würde er dem toten Seemann ganz im Vertrauen noch einen letzten Rüffel erteilen. In Gruppen verstreut hörten die Männer zu. Sie lehnten an der Mittschiffs-Nagelbank und starrten aufs Deck, das Kinn gedankenvoll in die Hand gestützt, oder standen mit gekreuzten Armen und gesenktem Kopf in frommer Betrachtung da. Wamibo träumte. Herr Baker las weiter und brummte ehrerbietig jedesmal, wenn er eine Seite umblätterte. Die Worte fanden nicht den Weg zu den unbeständigen Herzen der Leute; sie verflogen, um heimatlos auf der herzlosen See umherzuwandern. Und James Wart, für immer verstummt, ließ widerspruchslos und ergeben das rauhe Murmeln von Verzweiflung und Hoffnung über sich ergehen. Zwei Mann hatten alles klargemacht und warteten auf die Worte, die so viele unserer Brüder auf ihre letzte Reise schicken. Steuermann Baker begann mit dem entsprechenden Satz. »Achtung«, murmelte der Bootsmann, der Erste las laut: »In die Tiefe« und machte eine Pause. Die Männer hoben das Ende der Planken, das nach innenbords zeigte, hoch, der Bootsmann zog die Flagge weg – aber James Wart rührte sich nicht. »Höher!« brummte der Bootsmann ärgerlich. Alle hoben die Köpfe und bewegten sich unruhig auf ihren Plätzen, aber James Wart machte keine Miene fortzugehen. Obgleich tot und schon für alle Ewigkeit eingehüllt, schien er sich immer noch in unendlicher Angst an das Schiff zu klammern. »Höher! Lüft hoch!« raunte der Bootsmann wütend. »Er will nicht gehen«, stammelte einer der Männer mit zitternder Stimme, und es hatte den Anschein, als ob beide am liebsten alles fallen ließen. Der Erste wartete und vergrub sein Gesicht in dem Buch, dabei

183

trat er nervös hin und her. Alle Mann sahen verstört um sich. Ein schwaches dumpfes Geräusch stieg aus ihrer Mitte auf – wurde lauter … »Jimmy!« schrie Belfast in wehleidigem Ton, und ein Schauer des Entsetzens folgte. »Jimmy, sei ein Mann!« schrie er gellend. Alle hatten den Mund weit offenstehen, kein Augenlid zuckte. Belfast stierte verstört geradeaus und flog am ganzen Körper. Er beugte sich vor, als erblickte er etwas Furchtbares. »Geh!« schrie er und sprang mit ausgebreiteten Armen vor. »Geh, Jimmy! – Jimmy, geh!« Seine Finger berührten den Kopf des Körpers, und der graue Packen setzte sich widerstrebend in Bewegung, um plötzlich wie der Blitz auf den erhobenen Planken hinunterzurutschen. Wie ein Mann trat die Mannschaft vor; aus breiten Brustkasten kam ein aufatmendes Ah-h-h! Die Segel schlugen gegen die Masten. Belfast, von Archie gestützt, rang hysterisch nach Luft, und Charley, der um keinen Preis Jimmys letzten Sprung in die See verpassen wollte, stürzte kopfüber an die Reling, kam aber zu spät, und sah nur noch verebbende Kreise im Wasser.

Steuermann Baker geriet in Schweiß, als er das letzte Gebet bei dem dumpfen Lärm der aufgeregten Mannschaft und den flatternden Segeln vorlas. »Amen!« sagte er undeutlich knurrend und klappte das Buch zu.

»Brass' vierkant!« donnerte eine Stimme über seinem Kopf. Erschreckt blickten alle hoch. Ein oder zwei ließen ihre Mützen an Deck fallen. Überrascht blickte der Erste nach achtern. Der Kapitän stand vorn auf der Poop und zeigte nach Westen. »Kommt Brise«, sagte er. »An die Luvbrassen.« Der Erste stopfte das Buch hastig in seine Tasche. »Da vorn – den Fockhals los!« rief er lebhaft. Er war noch barhäuptig und sichtlich freudig bewegt. »Braßt die Fockrah vierkant, ihr da, die Backbordwache!« – »Günstiger Wind – günstiger Wind«, murmelten die Männer, als sie an die Brassen liefen. »Was hab' ich euch gesagt?« brummte der alte Singleton, während er Bucht

184

für Bucht in fliegender Eile energisch an Deck warf. »Ich wußte es – er ist weg, und der Wind kommt.«

Er kam, der Wind, mit einem Laut, der wie ein tiefer großer Seufzer klang. Die Segel standen voll, das Schiff nahm Fahrt auf, und die erwachende See begann, den Männern schläfrig von der Heimat zu erzählen.

In dieser Nacht, als das Schiff mit auffrischender steifer Brise nach Norden rauschte, schüttete der Bootsmann sein Herz in der Unteroffizierskammer aus: »Der Kerl hat nichts als Ärger gemacht«, sagte er, »von dem Augenblick, als er an Bord kam – ihr erinnert euch – damals in der Nacht in Bombay. Hat die ganze schlappe Mannschaft tyrannisiert – wurde unverschämt gegen den Alten –, und wir wurden wie Verrückte auf dem schon halb abgesoffenen Schiff nach vorn gejagt, um ihn zu retten. Um ein Haar wär's seinetwegen noch zu einer Meuterei gekommen – und jetzt beschimpft mich der Erste noch wie einen Tagedieb, weil ich nicht einen Haufen Fett auf die Planken da geschmiert hätte. Dabei hab' ich's doch getan, aber du hättest ja auch aufpassen können, daß dort kein Nagel mehr heraussteht, was, Zimmermann?« – »Und du hättest aufpassen können, daß nicht mein ganzes Werkzeug seinetwegen von euch über Bord geworfen wird, als wärt ihr alle lausige Anfänger«, gab der Zimmermann mürrisch zurück. »Na, ja, nun ist er hinterhergegangen«, fügte er unversöhnlich hinzu. »Auf China-Station, erinnere ich mich, sagte einmal der Admiral zu mir ...« hub der Segelmacher an.

Eine Woche später lief die *Narzissus* in den Englischen Kanal. Unter weißen Schwingen glitt sie dicht über die blaue See hin, wie ein großer müder Vogel, der seinem Nest zustrebt. Die Wolken rannten mit ihren Mastspitzen um die Wette. Wie weiße Ungeheuer kamen sie von achtern auf, segelten bis zum Zenit, flogen vorüber und stürzten sich wieder kopfüber ins

Meer – die Wolken, schneller als das Schiff und freier –, doch ohne Heimat. Gleichsam wie zur Begrüßung des Schiffes trat die Küste aus dem Weltenraum in den Sonnenschein hinaus. Das hochragende Oberland schritt herrisch in die See; die weiten Buchten lächelten im Licht; die Schatten heimatloser Wolken huschten über das sonnige Flachland, sprangen über die Täler hinweg, schossen ohne Halt die Hügel hinan, zogen die Hänge hinunter, und der Sonnenschein verfolgte sie mit fliehenden Lichtflecken. Auf den vorspringenden Hängen dunkler Klippen blinkten weiße Leuchttürme mit Strahlen von Licht. Der Kanal glitzerte wie ein golddurchwirkter blauer Mantel, übersät vom Silber der schaumblitzenden See. Die *Narzissus* brauste an den Vorgebirgen und Buchten vorbei. Auslaufende Schiffe kreuzten ihren Bug. Sie lagen hart über und kämpften hart mit nahezu kahlen Masten gegen den stürmischen Südwest. Dicht unter Land kroch eine Reihe qualmender Dampfer die Küste entlang, wie wandernde amphibische Ungeheuer, die der friedlichen See nicht trauen.

In der Nacht trat das hohe Land zurück, und die Buchten bildeten eine einzige dunkle Linie. Die Lichter der Erde vermengten sich mit denen des Himmels, und über den tanzenden Laternen einer Fischerflotte schien das stetige Licht eines großen Leuchtturms wie die riesige Ankerlampe eines Schiffs von ungeheuren Ausmaßen. Unter seinem steten Schein glich die Küste, die sich schwarz und gerade hinzog, der hohen Bordwand eines unzerstörbaren Fahrzeugs, das regungslos in der unsterblichen ruhelosen See lag. Das dunkle Land ruhte einsam mitten im Wasser, wie ein mächtiges Schiff, mit wachsamen Lichtern übersät – ein Schiff, das die Bürde von Millionen Menschen trägt und mit Unrat und Juwelen, mit Gold und Stahl beladen ist. Es türmt sich in unermeßlicher Kraftfülle empor, barg unschätzbare Überlieferungen und stummes Leid, glorreiche Erinnerungen, feige Vergeßlichkeit, niedrige Tugend und prächtige Verfehlungen. – Ein großes Schiff! Seit undenklichen Zeiten hat der Ozean seine zähen Flanken gepeitscht. Es war schon da, als die Welt noch unermeßlich und dunkel, als die See groß und geheimnisvoll war und bereit, den Wagemut kühner Männer mit Ruhm zu lohnen. Ein Schiff, das die Wiege von Flotten und Nationen war! Das große Flaggschiff der Rasse, stärker als alle Stürme, verankert auf hoher See.

Die *Narzissus* umrundete bei frischem, ablandigem Wind South Foreland, passierte die Downs und lief mit Schlepperhilfe in die Themsemündung ein. Der Pracht ihrer weißen Schwingen beraubt, wand sie sich gehorsam hinter dem Schlepper durch das Labyrinth des unsichtbaren Fahrwassers. Die rotgestrichenen Feuerschiffe schwoiten vor ihren Ankerketten. Als die *Narzissus* sie passierte, schien es einen Augenblick, als ob sie in dem starken Strom hohe Fahrt liefen. Aber schon im nächsten Augenblick blieben sie hoffnungslos zurück. Die großen Tonnen auf den Ausläufern der Sandbänke glitten ganz langsam an der Bordwand vorbei und zerrten wie wütende Wachhunde an ihren Ketten, als sie in den Sog des Schiffes gerieten. Das Fahrwasser verengte sich, und von beiden Seiten näherte sich das Land dem Schiff. Stetig ging es weiter stromaufwärts. An den Böschungen des Flusses tauchten Gruppen von Häusern auf, die hastig die Abhänge hinabzulaufen schienen, um das Schiff vorbeiziehen zu sehen, und sich dann, vom Schlick des Vorlands aufgehalten, am Ufer zu versammeln. In weiter Ferne standen hohe Fabrikschornsteine anmaßend in einer Gruppe zusammen und sahen das Schiff vorübergleiten. Sie wirkten wie eine verstreute Schar schlanker Riesen, die sich unter schwarzen Rauchwolken prahlerisch großtaten. Das Schiff bog um die Windungen des Flusses, bis ein unreiner Windzug zu seiner Begrüßung durch die nackten Toppen fuhr und die immer näherrückenden Ufer sich wie eine Barriere zwischen Schiff und See schoben.

187

Voraus hing eine große opalisierende Wolke am niedrigen Himmel, die von Millionen schweißbedeckter Stirnen aufzusteigen schien. Lange Schwaden dunstigen Rauchs durchzogen sie mit fahlen Streifen. Darum klopfte es im Takt von Millionen Herzen, und ein ungeheures klagendes Murmeln kam daraus hervor – das Murmeln von Millionen Lippen, die beteten, fluchten, seufzten, spotteten –, das unaufhörliche Murmeln der Torheit, des Bedauerns und der Hoffnung, das von den Massen der angsterfüllten Welt ausströmt. Die *Narzissus* drang in diese Wolke ein, und die Schatten wurden tiefer. Von allen Seiten tönten der Klang von Eisen, das Geräusch mächtiger Schläge, Kreischen und Brüllen. Auf dem trüben Strom trieben schwarze Schuten schweigend dahin. Ein planloses Gewirr schmutziger Mauern ragte verschwommen aus dem Qualm, beängstigend und düster, wie ein Bild der Zerstörung. Die Schlepper lavierten im Strom, um das Schiff vor den Schleusentoren stetig zu halten. Zischend sausten zwei Leinen durch die Luft und landeten wie Schlangen auf dem Kai. Voraus teilte sich eine Brücke wie von Zauberhand bewegt; große hydraulische Winden begannen sich wie von selbst zu drehen, als gehorchten sie einem ruchlosen Zwang. Langsam glitt die *Narzissus* auf dem engen Wasserweg zwischen zwei niedrigen Granitmauern voran, auf deren breiten Steinfliesen zwei Männer mit dem Schriektau in der Hand Schritt mit dem Schiff hielten. Ungeduldig wartete auf jeder Seite der verschwundenen Brücke eine Gruppe von Leuten. Rauhe, stämmige Männer, die Schiffermützen trugen; einige blaßgesichtige mit Zylindern auf dem Kopf; zwei barhäuptige Frauen; zerlumpte Kinder, die mit großen Augen fasziniert das Schiff bestaunten. Ein Karren kam angerumpelt und blieb plötzlich stehen. Eine der Frauen rief dem schweigsamen Schiff zu: »Hallo, Jack!« ohne dabei jemand besonders anzusehen, und alle Mann auf der Back blickten nach ihr hin. »Paß auf! Paß auf die Leine!« rief der Schleusenwärter und

188

beugte sich dabei über einen Steinpfeiler. Die Mannschaft lief hin und her und sprang durcheinander. »Werft die Achterleine los! Werft los!« rief am Kai ein alter Mann mit einem wettergebräunten Gesicht im Singsang. Die Trossen fielen mit einem schweren Aufschlag ins Wasser, und die *Narzissus* lief in das Dock ein. Die steinerne Dockkante zog sich rechts und links in gerader Linie hin und schloß eine rechtwinklige trübe Wasserfläche ein. Hoch über dem Dock erhoben sich Ziegelmauern, seelenlose Mauern, aus denen Hunderte von Fenstern verdrossen und stumpf starrten wie die Augen überfütterter Tiere. Zu ihren Füßen kauerten ungeheure eiserne Kräne, von deren langen Hälsen Ketten mit schrecklich aussehenden Haken hingen, die über den Decks lebloser Schiffe hin und her pendelten. Man hörte das Geräusch von Rädern, die über Steine rollten, das dumpfe Aufschlagen schwerer Gegenstände, das fieberhafte Gerassel von Winden, das Knirschen steifkommender Ketten. Der Staub aus allen Erdteilen flog in kleinen Wirbeln zwischen den hohen Gebäuden empor, und ein durchdringender Geruch von fremdartigen Düften und Unrat, von Gewürzen und Häuten, von kostbaren und vielen schmutzigen Dingen erfüllte die Luft und verwandelte sie in eine köstliche und zugleich widerliche Atmosphäre. Ohne Hast gelangte die *Narzissus* an ihren Liegeplatz. Der Schatten der seelenlosen Mauern fiel auf sie, der Staub aus allen Kontinenten legte sich auf ihr Deck, und ein Schwarm fremder Männer stampfte an Bord, um die *Narzissus* im Namen der selbstsüchtigen Welt in Besitz zu nehmen. Sie hatte aufgehört zu leben.

Ein geckenhaft gekleideter Herr im schwarzen Rock und Zylinder kam sehr lebhaft an Bord geklettert, ging auf den Zweiten Steuermann zu, schüttelte ihm die Hand und sagte: »Hallo, Herbert.« Es war Creightons Bruder. Plötzlich tauchte eine Dame auf, eine richtige Dame in einem schwarzen Kleid mit einem Sonnenschirm. Sie nahm sich zwischen uns äußerst ele-

189

gant und so fremdartig aus, als sei sie vom Himmel gefallen.
Der Erste begrüßte sie mit der Hand an der Mütze. Es war die
Frau des Kapitäns. Und bald darauf ging der Kapitän, sehr ge-
pflegt angezogen, in einem weißen Hemd, mit ihr an Land.
Wir erkannten ihn überhaupt nicht, bis er sich am Kai umdrehte und Baker zurief: »Vergessen Sie nicht, morgen früh
die Chronometer aufzuziehen.« Ein Haufen zweideutiger Gestalten ging mit arglistigen Blicken im Logis aus und ein, um
Arbeit zu suchen, wie sie behaupteten. »Eher um zu stehlen«,
meinte Knowles gutgelaunt. Arme Teufel. Wen kümmerte es?
Waren wir nicht zu Hause? Aber als Steuermann Baker sich
einen von ihnen, der ihm unverschämt gekommen war, energisch vorknöpfte, waren wir auch hierüber erfreut. Es war eben
alles herrlich. »Achtern alles klar«, rief der Zweite aus. »Pumpen lenz, Sir«, meldete zum letzten Mal der Zimmermann, den
Peilstock noch in der Hand. Der Erste sah längs Deck auf die
erwartungsvoll dastehende Gruppe von Seeleuten, blickte kurz
hinauf nach den Rahen und brummte dann: »Ouch! Ausscheiden, Leute!« Die Gruppe zerstreute sich. Die Reise war zu
Ende.
Zusammengerollte Strohsäcke flogen über die Reling, gelaschte
Seekisten schlitterten das Fallreep hinunter – es war herzlich
wenig von beiden übriggeblieben. »Der Rest treibt am Kap«,
erklärte Knowles, in Rätseln sprechend, einem Müßiggänger
an Land, mit dem er plötzlich Freundschaft geschlossen hatte.
Die Leute liefen umher, riefen sich gegenseitig an, forderten
wildfremde Leute auf, »bei dem Zeug da mit anzupacken«.
Dann traten sie unvermittelt ganz formell auf den Ersten zu,
um sich mit einem Handschlag zu verabschieden, ehe sie an
Land gingen. »Auf Wiedersehen, Sir«, wiederholten sie in
den verschiedensten Tonarten. Baker schüttelte die harten
Hände und brummte augenzwinkernd jedem etwas Freundliches zu. – »Paß auf dein Geld auf, Knowles. Ouch! Kriegst

190

auch bald 'ne nette Frau, wenn du's tust.« Der lahme Mann war glücklich. – »Auf Wiedersehn, Sir«, sagte Belfast gerührt, wobei er die Hand des Ersten drückte und ihn mit schwimmenden Augen ansah. »Ich dacht', ich nehm ihn mit an Land«, fuhr er mit klagender Stimme fort. Baker hatte ihn nicht verstanden, sagte aber freundlich: »Paß auf dich selbst auf, Craik«, und der verwaiste Belfast ging traurig und allein über die Reling an Land.

Einsam vor sich hinbrummend, strich Baker auf dem plötzlich still und friedvoll gewordenen Schiff umher, drückte auf jeden Türgriff, blickte in jeden dunklen Winkel, nimmermüde – das Muster eines Ersten Offiziers! Niemand erwartete ihn an Land. Seine Mutter war tot; der Vater und zwei Brüder, alle drei Yarmouth-Fischer, waren zusammen auf der Doggerbank ertrunken; die Schwester war verheiratet und nicht sehr freundlich. Ganz Dame. Sie war mit dem führenden Schneider einer kleinen Stadt verheiratet, der dort auch der führende Politiker war und seinen Schwager, den Seemann, nicht für respektabel genug ansah. Ganz Dame, ganz Dame, dachte er und setzte sich einen Augenblick zum Ausruhen auf die Achterluke. Zeit genug, noch an Land zu gehen, einen Bissen zu essen und sich irgendwo eine Unterkunft für die Nacht zu suchen. Er verließ nicht gern sein Schiff. Man hatte dann niemand, an den man denken konnte. Die Dunkelheit eines nebligen Abends senkte sich kühl und feucht auf das verlassene Deck, und rauchend saß der Erste da und dachte an die vielen Schiffe, denen er lange Jahre hindurch die beste seemännische Fürsorge hatte angedeihen lassen. Und niemals war ein Kommando in Sicht gewesen. Nicht einmal! ›Irgendwie hab' ich nicht das Zeug zum Kapitän‹, dachte er in aller Gemütsruhe, indes der Wachtmann (der die Kombüse in Besitz genommen hatte), ein runzliger alter Mann mit trüben Augen, heimlich auf ihn schimpfte, weil er sich »da noch so herumtrieb«. – ›Jetzt der Creighton‹, fuhr

Baker in seinen neidlosen Betrachtungen fort, ›richtiger Gentleman ... vornehme Freunde ... wird's weiterbringen. Feiner junger Mann ... noch etwas mehr Erfahrung.‹ Er stand auf und schüttelte sich. »Ich werd' morgen früh rechtzeitig zurück sein – wegen der Luken, die sind das erste. Laß vorher keinen etwas anfassen, Wachtmann«, rief er. Dann ging auch er an Land, als letzter – das Muster eines Ersten Offiziers!

Die Mannschaft, die der erste Kontakt mit dem Land auseinandergebracht hatte, kam noch einmal im Seemannsamt zusammen. »Die *Narzissus* mustert ab«, rief vor einer verglasten Tür ein mit viel Messing behängter alter Mann, der eine Krone und die Buchstaben B. T.* an seiner Mütze trug. Ein Haufen strömte gleich hinein, aber viele hatten sich verspätet. Der Raum war groß, weißgetüncht und kahl. Eine Schranke mit einem Gitter aus Messingdraht grenzte etwa ein Drittel des Raumes ab. Hinter dem Gitter saß ein käsig aussehender Schreiber. Er hatte das Haar in der Mitte gescheitelt, unstete, glitzernde Augen und die hastigen zuckenden Bewegungen eines eingesperrten Vogels. Der arme Kapitän Allistoun, der auch dahinter vor einem kleinen Tisch mit Rollen von Goldstücken und Banknoten saß, litt sichtlich unter seiner Gefangenschaft. Auf einem hohen Stuhl in der Nähe der Tür hatte sich noch ein Vogel des Board of Trade niedergelassen: ein alter Vogel, der sich nicht um die Aufschneidereien der Seeleute kümmerte. Die Mannschaft der *Narzissus* hatte sich in kleinen Gruppen in die Ecken verdrückt. Alle hatten neue Landgangsanzüge an, modische Jacken, die aussahen, als seien sie mit der Axt zugehauen, scharfgebügelte Hosen, die aus weichem Eisenblech gemacht schienen, Flanellhemden ohne Kragen und glänzende neue Schuhe. Sie klopften sich auf die Schultern, und einer knöpfte sich den andern mit der Frage vor: »Wo hast du letzte Nacht geschlafen?« Sie flüsterten fröh-

* Board of Trade.

lich miteinander, konnten das Lachen kaum unterdrücken und schlugen sich vor Vergnügen auf die Schenkel. Die meisten Gesichter strahlten vor Sauberkeit; nur ein oder zwei tauchten mit unordentlichem Haar und müde auf. Die beiden jungen Norweger sahen ordentlich und bescheiden aus, ganz so wie es sich für die beiden freundlichen Damen gehörte, die das norwegische Seemannsheim beschirmten. Gerade und stämmig stand Wamibo, immer noch im Arbeitszeug, mitten im Raum und träumte. Erst als Archie hereinkam, wachte er auf und lächelte. Doch da rief der muntere Schreiber einen Namen auf, und die Auszahlung begann.

Einer nach dem andern traten sie an den Zahltisch heran, um den Lohn für ihre glorreichen und zugleich ruhmlosen Mühen in Empfang zu nehmen. Sie strichen das Geld bedächtig in ihre breiten Handflächen, stopften es vertrauensvoll in die Hosentaschen oder drehten dem Tisch den Rücken zu und zählten mühsam in der Hand nach. »Stimmt das Geld? Dann unterschreibt die Musterrolle. Da – da«, wiederholte der Schreiber ungeduldig. ›Wie blöd diese Seeleute sind!‹ dachte er. Singleton trat heran, ehrwürdig – und in diesem Tageslicht etwas unsicher. In seinem weißen Bart hingen braune Tropfen Tabaksaft, seine Hände, die im kräftigen Licht draußen auf See nie zauderten, konnten in dieser unergründlichen Dunkelheit an Land kaum die kleine Rolle Gold finden. »Kannst nicht schreiben?« sagte der Schreiber schockiert. »Dann mach' ein Zeichen hin.« Singleton malte schwerfällig ein dickes Kreuz und machte dabei einige Kleckse auf das Papier. »Was für ein ekelhaftes altes Viech«, murmelte der Schreiber. Jemand öffnete Singleton die Tür, und der ehrwürdige alte Seemann ging unsicher hinaus, ohne auch nur einen Blick auf einen von uns zu werfen.

Archie protzte mit seiner Brieftasche und wurde deswegen aufgezogen. Belfast, der unordentlich aussah, als sei er schon durch einige Kneipen gezogen, war in sichtlich rührseliger

Stimmung und wollte den Kapitän privat sprechen. Der Kapitän war überrascht. Sie unterhielten sich durch das Gitter, und wir konnten hören, wie der Kapitän sagte: »Ich hab's dem Seemannsamt übergeben.« – »Ich hätte gern etwas von seinen Sachen gehabt«, murmelte Belfast. »Aber das geht nicht, lieber Mann. Es ist alles verschlossen und versiegelt beim Seemannsamt«, wies ihn der Kapitän zurecht, worauf Belfast mit hängenden Mundwinkeln und betrübten Augen zurücktrat. Während einer Unterbrechung beim Auszahlen hörten wir den Kapitän und den Schreiber miteinander sprechen und schnappten auf, wie der Kapitän sagte: »James Wart – verstorben – keinerlei Papiere gefunden – keine Verwandten – keine Spur – das Seemannsamt muß die Heuer einbehalten.« Donkin kam herein. Er schien ganz außer Atem, machte ein ernstes Gesicht und tat sehr geschäftig. Er ging direkt auf den Tisch zu, plauderte angeregt mit dem Schreiber, der ihn wohl für einen sehr intelligenten Mann hielt. Sie sprachen über die Abrechnung und wetteiferten miteinander im Verschlucken der H's – alles in sehr freundlichem Ton. Kapitän Allistoun zahlte ihn aus. »Ich geb' dir ein schlechtes Dienstzeugnis«, sagte er ruhig. Donkin hob die Stimme: »Ich will Ihr verdammtes Zeugnis gar nicht haben – behalten Sie es. Ich such' mir 'nen Job an Land.« Darauf wandte er sich zu uns um und rief laut: »Keine verdammte Seefahrt mehr für mich.« Alle sahen ihn an. Er hatte besseres Zeug an, machte einen sorglosen Eindruck und schien sich hier mehr zu Hause zu fühlen als irgendeiner von uns. Selbstbewußt starrte er uns an und weidete sich förmlich an der Wirkung seiner Erklärung. »Ja, ich hab' wohlhabende Freunde. Das ist mehr, als ihr habt. Aber ich bin ein Mann. Trotzdem seid ihr meine Kameraden. Wer kommt mit, einen trinken?«

Niemand rührte sich. Alle schwiegen. Ihre Gesichter waren kalt und ausdruckslos. Donkin wartete einen Augenblick, lächelte bitter und ging zur Tür. »Ihr wollt nicht? Verfluchte Heuchlerbande. Nein? Was hab' ich euch getan? Hab' ich euch tyrannisiert? Euch wehgetan? Hab' ich? Ihr wollt nicht trinken... Nein! ... Dann verdurstet meinetwegen, ihr Muttersöhnchen! Nicht einer von euch hat so viel Grips wie eine Wanze. Ihr seid der Abschaum der Menschheit. Arbeitet, bis ihr verreckt!«

Er ging hinaus und schmetterte die Tür so heftig zu, daß der alte Boards-of-Trade-Vogel beinah von seinem Stuhl gefallen wäre. »Er ist verrückt«, erklärte Archie. »Nein! Nein! Er ist besoffen«, widersprach Belfast in rührseligem Ton und schwankte dabei hin und her. Kapitän Allistoun saß nachdenklich lächelnd vor dem leeren Zahltisch.

Draußen am Tower Hill standen sie unbeholfen da, zögerten schwerfällig weiterzugehen, als seien sie von dem ungewohnten dunstigen Licht geblendet und durch den Anblick der vielen Menschen verwirrt. Und diese Männer, die sich im heulenden Sturm verständlich machen konnten, schienen betäubt und verstört von dem dumpfen Lärm der geschäftigen Erde. »Zum Schwarzen Roß! Zum Schwarzen Roß!« schrien einige. »Laßt uns noch einen zusammen trinken, ehe wir gehen.« Eng aneinandergedrängt liefen sie über die Straße. Nur Charley und Belfast gingen alleine weiter. Als ich dazukam, sah ich, wie ein schlampiges Weib mit einem hochroten Gesicht und wirrem, schmutzigem Haar, ein Tuch um die Schultern, Charley um den Hals fiel. Es war seine Mutter. Sie lallte an seiner Brust: »Oh, mein Junge! Mein Junge!« – »Laß mich los«, sagte Charley, »laß los, Mutter!« Ich ging gerade an ihm vorbei, und er warf mir über den unordentlichen Kopf der plärrenden Frau hinweg einen humorvoll lächelnden Blick zu, halb spöttisch, halb tiefsinnig, einen Blick, der all meine Lebenskenntnis beschämte. Ich nickte und ging vorbei, hörte aber noch, wie er gutmütig

195

sagte: »Wenn du mich jetzt losläßt, dann sollst du auch ein paar Schilling von meiner Heuer für 'n Schnaps haben.« Nach ein paar Schritten traf ich auf Belfast. Zitternd vor Rührung faßte er mich am Arm. – »Ich konnte nicht mit denen gehen«, stammelte er und deutete dabei mit dem Kopf auf die lärmende Horde, die langsam auf dem Bürgersteig weitertrottete. »Wenn ich an Jimmy denke… Armer Jimmy! Wenn ich an ihn denke, kann ich nicht trinken gehen. Du warst ja auch sein Freund… aber ich hab' ihn rausgezogen… nicht wahr? Die kurze Wolle auf seinem Kopf… Ja. Und ich hab' den verdammten Kuchen gestohlen… Er wollte nicht gehen… Er wollte um keinen Preis davongehen.« Er brach in Tränen aus. »Ich hab' ihn nie angerührt – nie – nie!« schluchzte er. »Er war für mich wie ein Lamm.«

Sacht löste ich mich von ihm. Belfasts Weinkrämpfe endeten gewöhnlich in einer Schlägerei, und ich war nicht begierig, Angriffsziel seines untröstlichen Schmerzes zu werden. Überdies standen zwei stämmige Polizisten in der Nähe, die uns mit mißbilligenden und unbestechlichen Blicken ansahen. »Auf Wiedersehen!« sagte ich und ging meines Wegs.

Aber an der Ecke blieb ich stehen, um einen letzten Blick auf die Mannschaft der *Narzissus* zu werfen. Sie bewegte sich unentschlossen und lärmend auf den breiten Steinfliesen vor dem Münzamt. Ihr Ziel war das Schwarze Roß, wo Männer mit brutalen Gesichtern in Hemdsärmeln, Pelzmützen auf dem Kopf, aus gefirnißten Fässern die Illusion eines prächtigen, romantischen Lebens den abgemusterten Mannschaften von der Großen Fahrt vermitteln. Von weitem sah ich sie diskutieren, mit heiteren Augen und unbeholfenen Gesten, während der Strom des Lebens unaufhörlich und unbeachtet in ihren Ohren donnerte. Und wie sie so auf den weißen Steinfliesen umherschwankten, inmitten der hastenden und lärmenden Menge, da erschienen sie mir wie Wesen anderer Art – verloren, einsam, vergessen und verdammt, wie unbekümmerte, freudige Schiffbrüchige, wie irre Schiffbrüchige, die sich im Sturm auf einem unsicheren, verräterischen Felsenriff vergnügen. Das Tosen der Stadt glich dem Tosen der brechenden See, es war ebenso gnadenlos und laut und verfolgte den gleichen grausamen Zweck. Doch über ihren Köpfen verteilten sich die Wolken, und heller Sonnenschein überflutete die Mauern der grauen Häuser und den dunklen Haufen der dahintreibenden Seeleute. Zu ihrer Linken seufzten die Bäume im Tower Garden. Die strahlenden Steine des Towers schienen sich im Spiel des Lichtes zu bewegen, als erinnerten sie sich plötzlich all der großen Freuden und Leiden der Vergangenheit, der kriegerischen Vorgänger dieser Männer, der Preßpatrouillen, der meuterischen Aufschreie, der wehklagenden Frauen am Ufer und des Siegesjubels der Männer. Der himmlische Sonnenschein fiel wie ein Gnadengeschenk auf den Schmutz der Erde, auf die erinnerungsreichen, stummen Steine, auf Gier, Selbstsucht, auf die ängstlichen Gesichter leicht vergessender Menschen. Und zur Rechten der dunklen Gruppe leuchtete die steinerne Front der Münze, vom Licht der Sonne gereinigt, einen Augenblick weiß auf wie ein Marmorpalast im Märchen. Die Mannschaft der *Narzissus* kam außer Sicht.

Ich habe sie nie wiedergesehen. Einige blieben auf See, andere gingen in die Dampferfahrt, und über den Rest werden die Friedhöfe Rechenschaft ablegen können. Singleton hat ohne Zweifel die lange Geschichte seines arbeitsreichen Lebens mit sich hinabgenommen in die friedvollen Tiefen einer barmherzigen See. Und Donkin, der in seinem ganzen Leben nicht einen Tag hindurch eine anständige Arbeit geleistet hat, wird sich fraglos sein Geld damit verdienen, daß er mit übler Beredsamkeit das Lebensrecht der Arbeitenden verteidigt. Mag es so sein! Mögen die Erde und die See jede das ihre haben.

Die alten Gefährten der See sind verschollen – für alle Zeiten.

Ich bin keinem von ihnen wiederbegegnet. Aber bisweilen setzt die Springflut der Erinnerung auf dem dunklen Fluß des neunfach gewundenen Stromes mit Macht ein. Dann treibt auf den verlorenen Wassern ein Schiff – ein schattenhaftes Schiff, mit Schatten bemannt, die im Vorübergleiten mich mit einem fernen Anruf grüßen. Haben wir nicht zusammen auf der unsterblichen See unserem sündigen Leben einen Sinn abgerungen? Lebt wohl, Brüder! Ihr wart eine gute Mannschaft. So gut wie nur je eine, die mit wilden Rufen das schlagende Tuch der schweren Fock bändigte oder aus der schwankenden Takelage – verloren in der Nacht – dem Weststurm Schrei um Schrei zurückgab.

COLLECTION S. FISCHER

Neue deutschsprachige Literatur im Fischer Taschenbuch Verlag

Die Welt eines Jahrhunderts auf der Bühne: Bankiers und Generäle, Bischöfe und Industrielle, Kurtisanen und Journalisten, Fabrikarbeiter, Näherinnen und Buchdrucker, der Gouverneur der Bank von Frankreich, Bettler und Börsianer, Bürger und Communarden. Was in der „Einführung der Buchhaltung" (Luther/Münzer) angelegt war, setzt sich in der „Einführung der Zivilisation" (Dunant) fort: die Mathematisierung der Welt. Die Herrschaft der Zahlen, die nicht mehr die Harmonie der Welt spiegeln, wie Pythagoras glaubte, sondern die Welt in einen unaufhörlichen Konflikt treiben.

Dieter Forte
Jean Henry Dunant
oder Die Einführung der Zivilisation
Ein Schauspiel, 157 Seiten

„Rückfälle" ist der Roman eines Angestellten, der verändern, sich verändern will. Die Aufgabe seines Berufs in einer Werbeabteilung, die Trennung von seiner Freundin C. sowie das Nachdenken über sich selbst treiben ihn zu Wutausbrüchen, in Krankheiten und zum Ausprobieren verschiedener Fluchtmöglichkeiten. Am Ende bleibt nur die Flucht nach vorn, der Rückfall ins Alte: eine Geschichte ohne Zukunft.

Otto Marchi
Rückfälle
Roman
192 Seiten

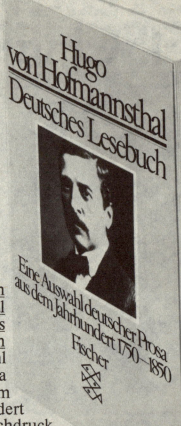

Hugo von
Hofmannsthal
Deutsches
Lesebuch
Eine Auswahl
deutscher Prosa
aus dem
Jahrhundert
1750–1850. Nachdruck
der zweiten vermehrten
Auflage, die 1926 im Verlag
der Bremer Presse, München
erschien. Band 1930

GERHARD ROTH

Die Italienreise des Lehrers Nagl ist sein großer Abschied vom Beruf, der Heimat, seiner Freundin, von Religion und Politik; der verzweifelte Versuch, in der Bindungslosigkeit freizuwerden: Vielleicht ist es wirklich das gescheiteste, sich dem Leben anzuvertrauen, wie man sich dem Tod anvertraut...
„Winterreise ist das Buch eines ernsthaften, klug gestaltenden Autors; Ähnlichkeiten mit seinem zerrissenen Helden sind nicht zufällig. Mit Gerhard Roth ist weiter zu rechnen; ihm stehen, wie seinem Lehrer Nagl, noch alle Möglichkeiten offen." Kurt Kahl im KURIER, Wien

Gerhard Roth
Winterreise
Roman. 192 Seiten.
Leinen

S.FISCHER

»Ein köstliches Buch. Es scheint all den Glanz und die Meisterschaft eines Thornton Wilder zu haben.«
Sunday Times

Anne Tyler
Caleb oder
Das Glück aus
den Karten
Roman. Aus dem Amerikanischen von G. Danehl. 332 Seiten, geb.

„Caleb oder Das Glück aus den Karten" ist die lustige und rührende Familiengeschichte der achtbaren Pecks aus Baltimore, berichtet außerdem über die merkwürdige Suche nach Caleb, der vor 50 Jahren spurlos verschwand, und handelt von Zuversicht und Freundlichkeit.

Goverts im S. Fischer Verlag

Carl Zuckmayer

Herr über Leben und Tod
(Bd. 6)

Der Seelenbräu
Erzählungen
(Bd. 140)

Eine Liebesgeschichte
(Bd. 1560)

Die Fastnachtsbeichte
(Bd. 1599)

Als wär's ein Stück von mir
Horen der Freundschaft (Bd. 1049)

Theatertexte

Der Hauptmann von Köpenick
Ein deutsches Märchen in drei Akten
(Bd. 7002)

Der fröhliche Weinberg / Schinderhannes
Zwei Stücke
(Bd. 7007)

Des Teufels General
(Bd. 7019)

Der Rattenfänger
Eine Fabel
Originalausgabe
(Bd. 7023)

Luise Rinser

Baustelle.
Eine Art Tagebuch.
Band 1820

Der schwarze Esel.
Roman.
Band 1741

Septembertag.
Band 1695

Mitte des Lebens.
Band 256

Die gläsernen Ringe.
Eine Erzählung.
Band 393

Der Sündenbock.
Roman.
Band 469

Hochebene. Roman.
Band 532

Abenteuer der Tugend.
Roman.
Band 1027

Daniela. Roman.
Band 1116

Die vollkommene
Freude. Roman.
Band 1235

Gefängnistagebuch.
Band 1327

Ich bin Tobias.
Band 1551

Ein Bündel weißer
Narzissen. Erzählungen.
Band 1612

FISCHER
TASCHENBÜCHER

Franz Kafka

**Das Urteil
und andere Erzählungen**
Bd. 19

Amerika
Roman
Bd. 132

Der Prozeß
Roman
Bd. 676

Das Schloß
Roman
Bd. 900

Sämtliche Erzählungen
Hg.: Paul Raabe
Bd. 1078

Briefe an Milena
Hg.: Willy Haas
Bd. 756

Tagebücher 1910–1923
Bd. 1346

Brief an den Vater
Bd. 1629

Briefe 1902–1924
Bd. 1575

Das Kafka-Buch
Eine innere Biographie
in Selbstzeugnissen
Hg.: Heinz Politzer
Bd. 708

**Max Brod
Über Franz Kafka**
Bd. 1496

FISCHER
TASCHENBÜCHER

Erich Kästner

»... was nicht in euren Lesebüchern steht«.
Hg.: Wilhelm Rausch
(Bd. 875)

Wer nicht hören will, muß lesen
Eine Auswahl
(Bd. 1211)

Die kleine Freiheit
Chansons und Prosa mit Zeichnungen
von Paul Flora
(Bd. 1807)

Der tägliche Kram
Chansons und Prosa
(Bd. 2025)

Thornton Wilder

Die Brücke von San Luis Rey
(Bd. 1)

Der achte Schöpfungstag
Roman
(Bd. 1444)

Die Iden des März
Roman
(Bd. 1638)

Theophilus North oder ein Heiliger wider Willen
Roman
(Bd. 1826)

Unsere kleine Stadt
Schauspiel in drei Akten
(Bd. 7022)

Virginia Woolf

Orlando	Zwischen den Akten	Mrs. Dalloway
Roman	Roman	Roman
Band 1981	Band 1983	Band 1982